实务中很多企业的年度经营计划与全面预算管理存在问题。

有的企业目标设定有问题，把定目标变成了喊口号。

有的企业年度计划有问题，把定计划变成了编报告。

有的企业预算管理有问题，把定预算变成了分钱花。

针对实务中企业在年度经营计划与全面预算管理中存在的问题，笔者总结了企业年度经营计划与全面预算管理的实施方法。严格按照本书介绍的方法实施企业年度经营计划与全面预算管理，读者在实务中就不太容易出问题。

有效的学习方式是通过解决问题来学习。读者拿到本书后，建议带着问题去读本书，可以根据企业当前最薄弱的环节，去书中查找操作方法，根据企业实际状况，思考、制定、实施和复盘解决方案。

当具体问题得到解决之后，读者可以由问题切入，查找知识点；由知识点延伸，找到流程线；由流程线拓展，发现操作面；由操作面升华，全面掌握实施方法。这时候再回到原来的问题，又会有新的、更深刻的认识。

笔者总结了一个学习的 ABC 原理：看到的是 A，学到了 B，用的是 C。很多人看到了 A，学到了 A，也只会用 A，结果用的时候发现 A 没有完全解决问题，就说 A 没有用，这其实是不懂得灵活变通的表现。

当我们看到 A 时，学到 B，这需要总结、归纳、发散能力；当学到 B 时，用到 C，这需要对场景的观察、思考，同时对 B 不断练习、不断复盘、不断调整，这需要行动力。在笔者看来，学习能力从来都不是单一的能力，而是能够发散思考，举一反三，并在实际应用时灵活变通的能力。

祝读者能够学以致用，更好地学习和工作。

本书若有不足之处，欢迎读者批评指正。

● 本书特色

1. 通俗易懂、案例丰富

本书包含丰富的实战案例，让读者能够快速掌握企业年度经营计划与全面预算管理的实施步骤与应用方法，让读者能够看得懂、学得会、用得上。

2. 上手迅速、模板齐全

本书把大量复杂的理念转变成能在工作中直接应用的、简单的工具和方法，并把这些工具和方法可视化、流程化、步骤化、模板化，让初学者也能够快速开展工作。

3. 知识点多、实操性强

本书涉及大量的知识点，知识点的选择立足于解决工作中的实际问题。通过学习本书，读者能够全面了解企业年度经营计划与全面预算管理实施的工具和方法。

● 致谢

感谢刘萍、王慧娟、矫荣华、王丽丽等会计师对本书编写工作的支持。

本书将会计、法律、税务与实际业务充分结合，实用性强、知识面广，充分体现了集体的智慧。

目 录

第1章　年度经营目标设计

第2章　年度经营计划设计

第3章 实施全面预算管理前的准备工作

3.1 完成全面预算管理的准备工作 076

3.2 确定预算管理模式 083

第4章 全面预算的编制

4.1 全面预算的内容 090

第 **5** 章　经营预算的编制

第6章　投资、筹资及财务预算的编制

第7章 全面预算执行控制

第 **8** 章　　**预算结果考核**

第 **9** 章　　**预算差异分析**

第 **10** 章　全面预算管理落地

第1章

年度经营目标设计

目标设计是编制经营计划的前提。目标设计并不是简单地给每个员工的头上套上"金箍",而是让员工了解工作要求、明确工作方向。通过目标设计与目标分解,组织目标能够被分配给各部门、各岗位。每位员工实现了个人目标,组织目标也就实现了。

1.1 目标设计原理

有效的目标才是真正的目标，设计目标的关键不在于有没有目标，而在于目标有没有效。要保证目标有效，团队管理者和员工在设计目标时就不能想当然，应当使用科学的工具和方法设计目标，并持续评估目标的有效性。

1.1.1 设计目标的方法

目标是为了达成某个结果而设定的。目标不能随意设定，团队管理者和员工在设定目标时，需要遵循 SMART 原则，"SMART"分别是具体的（Specific）、可以衡量的（Measurable）、可以达到的（Attainable）、具备相关性的（Relevant）、有时间限制的（Time-bound）。

1. 具体的

具体的（Specific），指的是目标是特定的、明确的，不能是笼统的。

案例

某企业把年终目标定为实现销售收入 ×× 万元。然而，这个目标其实并不具体。

销售收入有含税和不含税之分，也有营业性和非营业性之分。

销售收入的确认方式也可能存在异议，是严格按照企业会计准则确认销售收入，还是按照销售合同的金额确认销售收入，又或者是按照发出产品确认销售收入。

销售收入的确认期限也要明确。年度销售收入，究竟指的是从某年的 1 月 1 日到该年 12 月 31 日的销售收入，还是指企业特有的财务年度。

如果不弄清楚以上疑问，那这个年终目标就是存在问题的。

2. 可以衡量的

可以衡量的（Measurable），指的是目标是可以细化为以事实为依据的或可以量化的，同时验证目标是否达成的信息是可以获得的。

案例

某企业总经理助理肩负着维护公共关系的职责。因为这项职责非常重要，为了能够评价总经理助理是否很好地履行了这项职责，总经理希望给该岗位制定与这项职责相关的目标。

这时候，如果不加处理地直接设定这个目标，那么这个目标就是不可衡量的，因为它没有以某个事实为依据，是不能够被量化的。如果要围绕该职责设定目标，则必须进行关键事件分解或关键流程聚焦。比如，总经理给这个岗位设定的目标是，每周企业总经理助理至少当面拜访 3 个客户。

3. 可以达到的

可以达到的（Attainable），指的是在人们付出努力后目标是能够被实现的，也可以理解为目标设定得不可过高，也不可过低。

案例

某企业所在的行业规模一直比较稳定，该企业近几年也发展得一直比较平缓。该企业前 5 年的年均销售收入增长率稳定在 8% 左右，且波动不大。为推动企业快速发展，董事会聘请了一位职业经理人，并期望把企业的年销售收入增长率目标定为 30%。

如果企业的经营管理没发生较大变化，行业也没发生较大变化，那么这个目标就设定得过高，可能造成拔苗助长，不利于企业长远健康发展。同时，这位职业经理人在努力后还是达不成目标，其积极性可能会受挫。

4. 具备相关性的

具备相关性的（Relevant），指的是目标要对实现愿景或战略有所帮助，同时一个组织内的多个目标间要具有一定的关联性。

案例

某企业人力资源部门为实现企业战略，制定了相应的人力资源规划。为了保证规划实施，人力资源部门制定的目标中包含了组织员工读书会的次数、组织员工活动的次数等。

然而，这家企业的战略目标是明年实现业绩提升 20%，成本降低 10%；人力资源部门的目标是劳动效率提升 10%，人工成本费用率降低 5%。

这些目标虽然对员工的成长和员工关系维护有所帮助，但是与人力资源部门的规划和企业战略的关联性并不大。

5. 有时间限制的

有时间限制的（Time-bound），指的是目标的实现有一定期限。

案例

某企业销售部门中的员工为了实现部门年度销售任务，给自己制定的目标是发展 30 名新客户。

可是新发展的客户并不会马上下单，如果年终目标要求实际发生交易，那么发展 30 名新客户的目标应该在某个时间节点之前完成，否则，很可能无法帮助部门实现年终目标。

设计目标后，人力资源管理部门可以运用目标检验表检验目标是否合理，如表 1-1 所示。

表 1-1　目标检验表

原则	序号	对应问题	判断
具体的 （Specific）	1	目标是否被明确地表达	□是　□否
	2	目标是否导向清晰的行动	□是　□否
	3	目标是否表达出了明确的边界	□是　□否
可以衡量的 （Measurable）	4	目标是否是客观的	□是　□否
	5	目标是否以事实为依据	□是　□否
	6	目标是否是可以量化的	□是　□否
可以达到的 （Attainable）	7	目标是否具有挑战性	□是　□否
	8	目标是否现实，是否有可能达成	□是　□否
	9	目标是否考虑了当下所有情况	□是　□否
具备相关性的 （Relevant）	10	目标是否有足够的价值或意义	□是　□否
	11	与目标相关的行动是否对达成目标有所帮助	□是　□否
有时间限制的 （Time-bound）	12	达成目标的时间限制是否足够明确	□是　□否
	13	达成目标所用时间是否为最短时间	□是　□否

设计企业目标时，要注意以下事项：

（1）目标要以结果为导向；

（2）所有目标都要具备可操作性；

（3）要兼顾财务目标和非财务目标；

（4）目标要面向未来，要有一定的前瞻性；

（5）目标不是一成不变的，要定期更新。

1.1.2　从宏观目标到微观目标

企业的宏观目标要逐级落实到部门，再落实到岗位，分解成微观目标。

需要注意的是，宏观目标分解为微观目标的过程容易出现目标错配问题，目标错配问题即微观目标不能为实现宏观目标服务。为了避免出现这种问题，企业除了需要在设计微观目标时把好关，还要把宏观目标到微观目标的推导过程用图表或数字的形式表达清楚，厘清其内在逻辑。

宏观目标到微观目标是从组织（企业）到部门，再到岗位，自上而下逐级分解的，如图1-1所示。

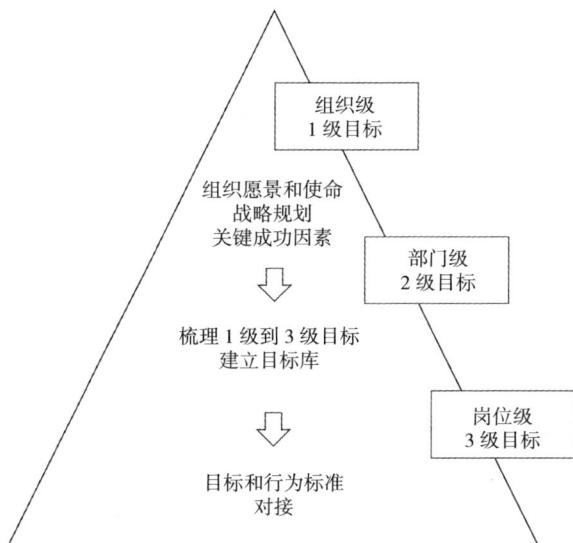

图1-1　从宏观目标到微观目标的分解过程

企业将组织目标分解后，自上而下地分配给各部门，由各部门分配给各岗位，再自下而上地沟通、调整、确认。通过这一系列过程最终确认的目标，能够保证实现组织目标。

案例

某企业年底制定第二年的销售收入目标是 200 亿元，这就是企业目标。

该企业的销售部门分设五个子部门，分别承担着五大区域的销售市场开发工作。每个子部门根据自身的业务情况，分解企业目标。

目标再往下分解，根据每个业务销售经理和每个业务员的情况，最终落实到个人层面，变成每个业务员的个人目标。这样每个业务员都有了具体的、可量化的业务目标。如果所有业务员都完成目标，那么企业目标也就达成了。

企业目标分解过程如图 1-2 所示。

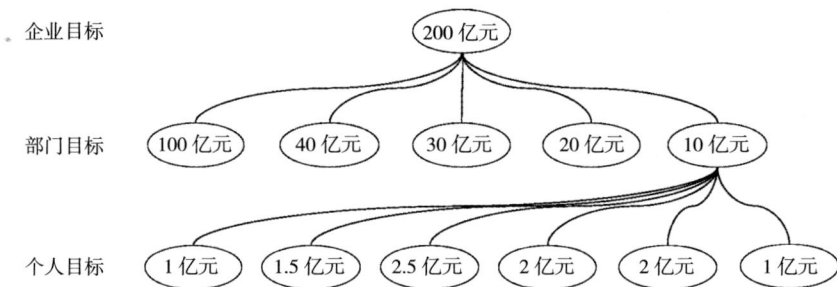

图 1-2　企业目标分解过程

按照年度、季度、月度等时间维度，企业、部门、岗位等空间维度，宏观目标可以逐层分解为微观目标，如图 1-3 所示。

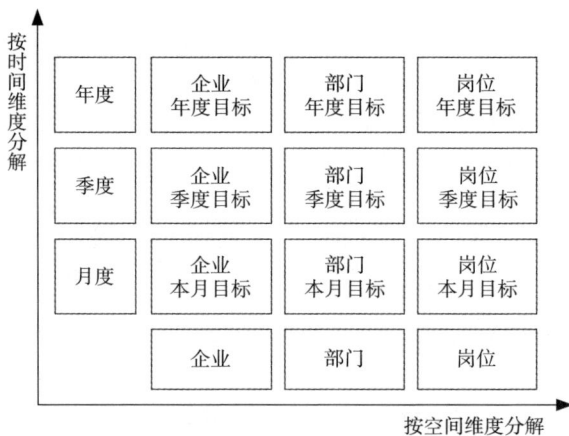

图 1-3　目标按时间和空间维度分解

无论是企业目标、部门目标还是岗位目标，一般都控制在 5 ~ 8 个。如果目标太多，很容易分不清权重，顾此失彼；如果目标太少，可能会太过强调和注重某一方面，忽略别的方面。同时，目标是有权重的，重点目标应有较高的权重。

1.1.3　以解决问题为导向的目标设计

企业在遇到某个具体问题，要以解决问题为导向来设计目标时，可以用 3 层级目标分解法。3 层级目标分解法的本质是把宏观问题分解为微观问题。根据实际情况，问题层级可以是 3 层，也可以是更少或更多层。

在 3 层级目标分解法下，企业目标分解为组织目标、流程目标和任务目标，如图 1-4 所示。这 3 层目标一般是自上而下、由少到多的关系。

图 1-4　3 层级目标分解法

最上层的组织目标，通常是具体的、能够被量化的目标。比较常见的组织目标涉及销售收入、经营利润、经营成本、员工或客户的满意度、企业规模增长速度等方面。

中间层的流程目标，通常是为了达成组织目标而能够起到关键作用的流程应达成的目标。

底层的任务目标，通常是为了达成流程目标而设定的具体工作任务。

案例

某大型餐饮企业，近期业绩有所下滑，分析后发现是到店消费的顾客数量明显减少所致。进一步分析后，发现顾客减少的原因是顾客的满意度明显下降。

该企业前 3 年平均的顾客满意度能达到 95%。可近期的调研结果显示，顾客满意度只达到 85%。

针对这一情况，店长制定了组织目标，即把顾客满意度由 85% 提高到 95%。

可是仅仅这样设定目标，并不能保证目标实现。店长还需要设定流程目标。

为此，店长深入调研了顾客满意度低的主要原因，发现顾客满意度低的原因主要有两个。

（1）上餐较慢，顾客等待时间较长。

（2）相同菜品的口味不一致。

对于上餐慢的问题，店长通过对流程的梳理，发现在用餐高峰期，从点餐到上餐的平均时间是 30 分钟，而该店之前的平均时间是 20 分钟。

于是店长把流程目标定为：在用餐高峰期，从点餐到上餐的时间由当前的 30 分钟减少到 20 分钟。

实现流程目标，需要有具体的任务目标作为支撑，接下来要对流程目标涉及的具体流程进行分解。

从点餐到上餐共分 3 步：第 1 步是服务员接待；第 2 步是厨师制作菜品；第 3 步是服务员上菜。店长通过分析这 3 步，发现第 1 步和第 3 步基本没问题，也没太大改进空间。目前耗时最长，最需要也最可能减少时间的是第 2 步。

店长调研后发现，当前厨师平均制作一个菜品的时间是 4 分钟。为了实现流程目标，这个时间必须缩短。于是店长想把任务目标定为：厨师平均制作一个菜品的时间由原来的 4 分钟减少到 2 分钟。

如何实现这个任务目标呢？

店长发现，目前厨师备半成品的比例是 70%。店长经过与厨师长沟通，发现以当前餐厅的菜品种类，以及每天点餐的菜品频率来看，可以把备半成品的比例提高到 75%。

店长对这个比例并不满意，于是和厨师长又进行了深入沟通，发现当前上菜速度慢的另一个原因与餐厅新上的一批菜品有关。这些新菜品虽然口味比较好，但制作时间比传统菜品更长，一是因为现有厨师对新菜品的制作流程不熟练，二是因为新菜品的制作流程比传统菜品更复杂、耗时更长。

店长再深入挖掘，发现这些菜品是厨师长外出学习后研发出来的。厨师长只向其他厨师传授了技能，并没改良制作工艺。

经讨论，大家发现有 15 种菜品的制作工艺可以改良。改良后，店长决定把备半成品的比例提高到 85%。

对于菜品口味不一致的问题，店长发现这主要也都出在新菜品上。于是店长同厨师长协商，决定把菜品制作流程标准化，菜品的原材料与调味料的重量必须准确，而且量具要精确且方便厨师操作。

经过以上一系列举措，店长就把组织目标分解为流程目标和任务目标，目标分解示意图如图 1-5 所示。

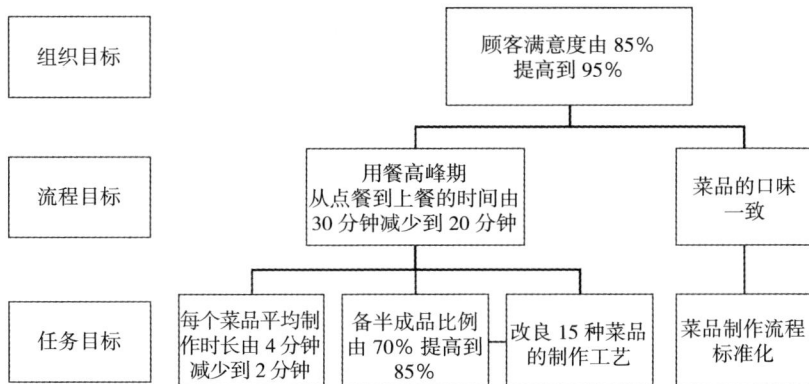

图 1-5　某餐饮企业目标分解示意图

使用 3 层级目标分解法定出的任务目标，有助于流程目标的实现，而流程目标也有助于组织目标的实现。对于这 3 个层面的目标，店长可以将其落实到相应岗位的具体责任人。

1.1.4　以实现业绩为导向的目标设计

要以实现业绩为导向进行目标设计，则需用到价值结构目标分解法。价值结构目标分解法是为了实现某个价值目标而对其层层分解的方法。这里的价值目标可以是实现某效益、提高某效率、降低某成本或降低某风险。

价值结构目标分解法可以帮助企业分析和厘清现状，体现数据与数据之间的关系，帮助企业快速发现问题，找到薄弱环节。

实施价值结构目标分解法的步骤如下。

（1）找到对企业最重要的价值流程。

（2）总结该流程中涉及的关键控制点。

（3）画出价值结构图。

（4）设置目标。

根据价值结构目标分解法，业绩目标可以细分成不同的目标。将这些细分目标落实到不同岗位，有助于业绩目标的实现。

案例

以某实体连锁店的价值结构目标分解为例。

第 1 步，明确对实体连锁店最重要的价值流程。

对实体连锁店最重要的价值流程是顾客来到店里购买商品。多名不同的顾客到店，或相同顾客重复到店购买商品，给实体连锁店提供销售额，为其创造价值。

第 2 步，总结价值流程中的关键控制点。

（1）要有顾客，也就是客流量要大。

（2）顾客到店后，要采取购买行为，也就是成交率要高。

（3）顾客购买的商品要足够多，也就是客单价要高。

（4）之前购买过商品的顾客最好可以重复购买，也就是复购率要高。

第 3 步，画出价值结构图。

根据第 2 步中总结的价值流程中的 4 个关键控制点，画出价值结构图，如图 1-6 所示。

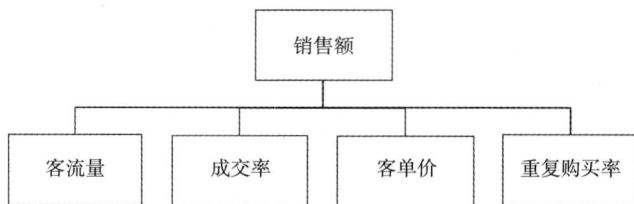

图 1-6 某实体连锁店的价值结构图

第 4 步，设置目标。

梳理价值结构图，可以清晰地看出实体连锁店的顶层价值是如何形成的。

价值结构就像影响事情发展的链条，对价值结构进行梳理，最终会发现目标其实可以用公式表现出来。例如，利润＝销售额－成本；销售毛利＝销售额×毛利率；成交率＝成交客户数÷总客户数。

案例

某线下实体零售店的目标是利润最大化。为此，该店以利润为顶层价值目标，将利润逐级分解，其价值结构分解示意图如图 1-7 所示（注：仅举例说明，每向下 1 级仅分解部分目标）。

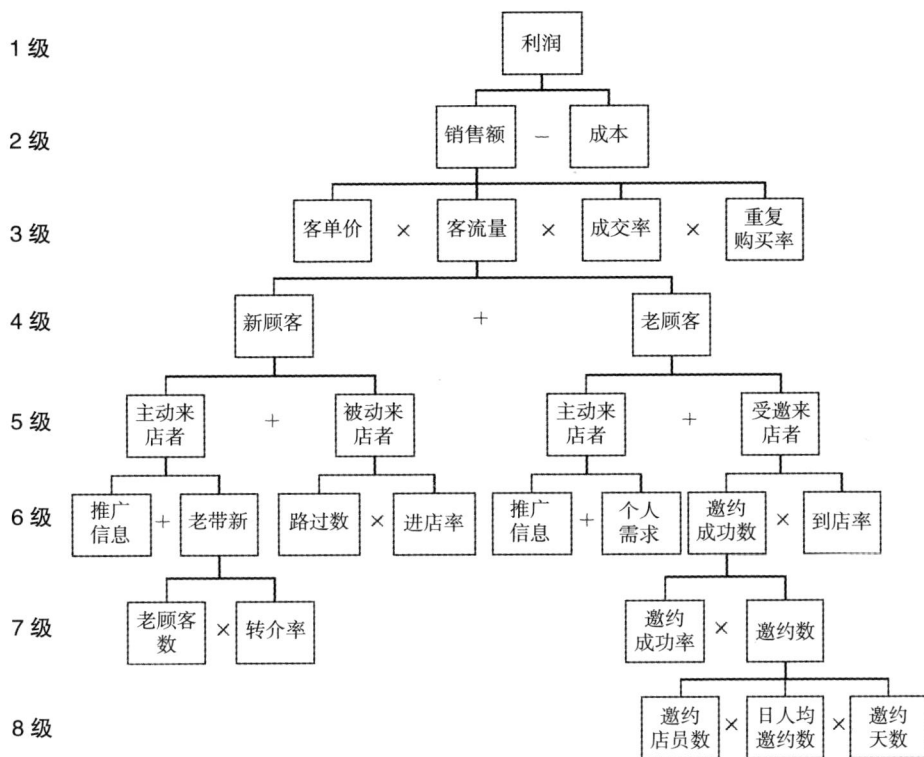

图 1-7 某线下实体零售店的价值结构分解示意图

因上一案例已说明前 3 级的价值结构分解逻辑，本案例从第 4 级开始说明客流量的向下分解。

该店的客流量由两部分组成：一部分是新顾客；另一部分是老顾客。任何一部分增多，都可以提高客流量。要增加新顾客或老顾客数量，还需要进一步细分新顾客和老顾客。

新顾客可以细分为主动来店者和被动来店者。老顾客可以细分为主动来店者和受邀来店者。这 4 项中的任何 1 项增多，都可以提高客流量。

主动来店者，指主动上门的顾客。被动来店者，指本不想到店，但无意中看到了这家店后决定进店的新顾客。受邀来店者，是受门店邀请而来的老顾客。

对于新顾客中的主动来店者，又可以分解成看到了推广信息进店的和由老顾客带领来店的顾客。由此能看出，推广信息对新顾客增长有着直接的推动作用。

老顾客带新顾客的数量又与老顾客本身的数量和老顾客介绍新顾客来的比率有关。要增加老顾客带新顾客的数量，可以从增加老顾客数量或对介绍新顾客来店的老顾客实施奖励两个方面入手。

被动来店者通常受门店位置影响较大，门店位置决定了人流量，而主动来店者通常和门店位置关系不大。路过门店的人多并不能保证被动来店者多，门店门口的装饰、宣传等会影响进店率。

对于老顾客中的主动来店者，可以分成因为推广信息进店的人和因为个人需求进店的人。同样能够看出推广信息的重要性，其既能影响新顾客的到来，又能影响老顾客的到来。

受邀来店者，与邀约成功数和到店率有关。邀约成功数与邀约数和邀约成功率有关。邀约数与邀约店员数、日人均邀约数和邀约天数有关。

要增加受邀来店者，可以增加邀约活动的力度和吸引力，从而增加邀约成功数和到店率；可以增加邀约店员数、提高邀约店员的工作效率，从而增加每个店员每天的邀约数量，或增加店员的邀约天数，来提高邀约数量。

根据客流量延伸出来的更深层级的流程和关联目标间的关系被深度挖掘出来后，更深层级的流程层面、任务层面的目标就变得非常清晰了，而且可以把这些目标落实到部门和个人层面。

价值结构图一般有两种画法：一种是还原现有做法；另一种是借鉴标杆经验。还原现有做法，就是根据当前做法，梳理当前的价值结构的画法。借鉴标杆经验，就是认为当前做法有问题，通过梳理和学习标杆的做法，改善当前做法。

1.1.5　以达成战略为导向的目标设计

愿景不等同于战略。愿景通常是模糊的，战略通常是具体的。愿景可以指明大致的方向，战略需要落实到具体行动。如果要以达成战略为导向设计目标，可以运用战略地图目标分解法，将比较模糊的愿景分解成比较具体的战略目标。

战略地图目标分解法是描述和分解愿景的工具。使用者在愿景的指引下，通过画战略地图的方式分解愿景，将目标层层分解，保证各层级目标之间具有因果关系或递进关系。当各层级目标全都达成之后，组织的战略和愿景也就实现了。

画战略地图，就要用到平衡计分卡（Balanced Score Card，BSC）。平衡计分卡的核心思想是通过财务（Financial）、客户（Customer）、内部流程（Internal

Processes）、创新与学习（Innovation and Learning）4 个维度，展现出组织的战略轨迹，如图 1-8 所示。

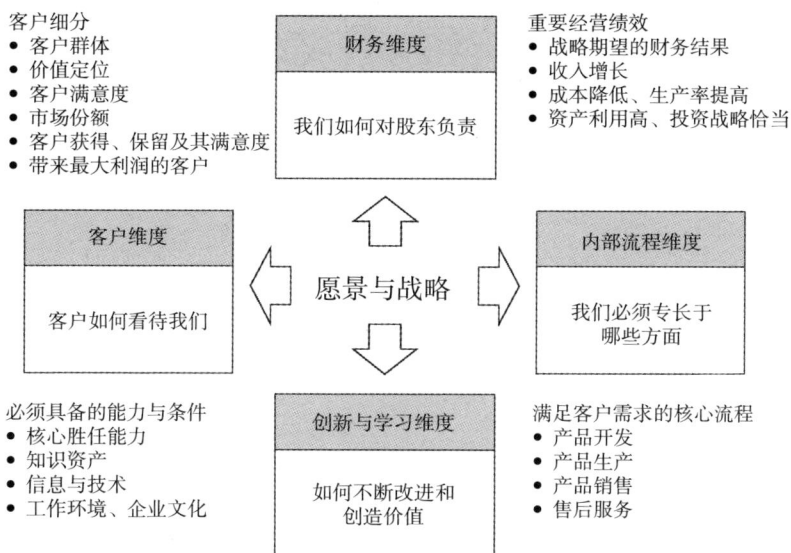

客户细分
- 客户群体
- 价值定位
- 客户满意度
- 市场份额
- 客户获得、保留及其满意度
- 带来最大利润的客户

财务维度

我们如何对股东负责

重要经营绩效
- 战略期望的财务结果
- 收入增长
- 成本降低、生产率提高
- 资产利用高、投资战略恰当

客户维度

客户如何看待我们

愿景与战略

内部流程维度

我们必须专长于哪些方面

必须具备的能力与条件
- 核心胜任能力
- 知识资产
- 信息与技术
- 工作环境、企业文化

创新与学习维度

如何不断改进和创造价值

满足客户需求的核心流程
- 产品开发
- 产品生产
- 产品销售
- 售后服务

图 1-8　平衡计分卡

平衡计分卡中的每项目标都是一系列因果关系中的一环，它们把组织目标和部门目标联系在一起。

许多企业有了战略却不能成功执行，往往是因为不能全面清晰地描述战略，员工不了解战略或不了解战略与自身岗位之间的关系。战略地图除了让员工了解企业战略外，还能让战略目标和岗位目标紧密联系起来。

战略地图目标分解法的实施步骤如下。

（1）确定企业价值和客户价值。

（2）将企业价值按照某种逻辑分解成不同层级。

（3）把最终想要达成的目标放在顶层。

（4）把其他层级目标分别列在各自对应层级中。

（5）用线表示各个目标之间的因果关系。

（6）描述最终目标与其他层级目标之间的关系。

案例

国内某大型连锁药店快速发展，如今已经成为知名连锁药店品牌。该企业在发展过程中，运用了战略地图，将企业的战略目标层层分解并落实，取得了较好的经营成果。

该企业某年的战略地图如图1-9所示。

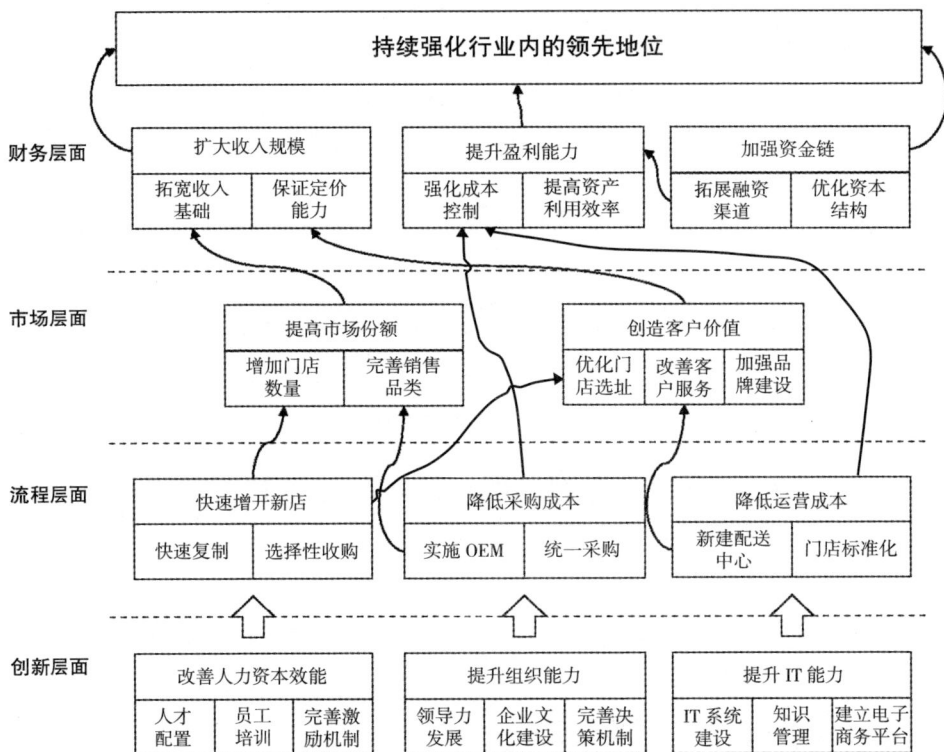

图1-9 某企业某年的战略地图

1. 财务层面

扩大收入规模是该企业在财务层面的首要目标。作为连锁药店品牌，该企业首先需要在拓宽收入基础上下功夫，同时必须保证一定的定价能力。

提升盈利能力是该企业第2位的需要。只有当盈利能力得到保证时，企业才能在收入增长、资金充足两个方面都取得理想的结果。提升盈利能力需要在成本控制、资产利用效率上下功夫。

在资金链的问题上，该企业通过拓展融资渠道和优化资本结构来保障资金链稳定。

2. 市场层面

为了在财务层面上实现收入规模的扩大，该企业需要在市场层面做足两方面的工作。一方面，企业需要通过提高市场份额，来拓宽收入基础；另一方面，企业需要通过创造客户价值，来保证一定的定价能力。

在提高市场份额方面，该企业通过增加门店数量和完善销售品类实现。

在创造客户价值方面，该企业通过优化门店选址、改善客户服务、加强品牌建设来实现。

3. 流程层面

为了实现市场层面增加门店数量和优化门店选址的目标，该企业必须在流程层面能够快速增开新店。在门店扩张中，该企业没有采取连锁加盟的形式，而是采取了自营的形式。该企业一方面实现了自身快速复制，另一方面也有选择地进行收购。

为实现财务层面要求的强化成本控制，企业在流程层面降低了采购成本、降低运营成本。

在降低采购成本方面，该企业实施了 OEM（原厂委托制造）和统一采购。

在降低运营成本方面，该企业新建了配送中心和实行门店标准化。

4. 创新层面

为了支持财务层面、市场层面和流程层面的目标实现，在创新层面，该企业需要做好改善人力资本效能、提升组织能力、提升 IT 能力 3 个方面的工作。

人力资本效能方面的努力反映在人才配置、员工培训、完善激励机制 3 个方面。

提升组织能力方面的努力体现在领导力发展、企业文化建设和完善决策机制 3 个方面。

提升 IT 能力方面的努力体现在 IT 系统建设、知识管理和建立电子商务平台 3 个方面。

借助战略地图目标分解法，该企业可以将愿景分解为战略目标，将战略目标分解为部门目标和岗位目标。所有部门目标和岗位目标实现了，企业的战略目标和愿景也就实现了。

1.2 目标设计方法

目标有不同的种类，不同类型、不同层级的岗位应当设计不同种类的目标。当可以选择的目标较多时，可以通过工具精准定位目标，划分目标的优先级；当有多个目标同时存在时，应划分目标权重。

1.2.1 目标的种类

很多人不清楚目标的种类，不知道该设置什么类型的目标。根据个人需求的不同，可以从相应角度有针对性地设定目标。

常见的目标如下。

1. 定量目标和定性目标

按能否被量化成某数字划分，目标可以分成定量目标和定性目标。

例如，人均招聘成本、人均人力费用、人均培训时间等属于定量目标；制度健全程度、沟通顺畅程度、员工态度表现等属于定性目标。

这里需要注意，定量目标往往符合 SMART 原则中的可以衡量的原则。定性目标则需要基于事实，同样需要符合可以衡量的原则。定量目标可用于计算目标的达成率，定性目标可以尝试在某种程度上被量化，可用于判断目标达成与否。

例如，制度健全程度可以量化为员工违规后是否被惩罚；沟通顺畅程度可以量化为邮件是否被全部打开并被回复；员工态度表现可以量化为员工是否做了某件事。

企业应尽量设定定量目标，尽可能减少和避免设定定性目标。

2. 通用目标和专用目标

按是通用于还是专属于某类岗位来划分，目标可以分成通用目标和专用目标。

例如，销售收入、毛利额、净利润额等属于通用目标；财务成本（财务部门专用）、销售成本（销售部门专用）、产量（生产部门专用）等属于专用目标。

很多部门在设定目标时不能只想到自己部门的专用目标，还要考虑该目标与通用目标的关联。很多时候，专用目标是为通用目标服务的，通用目标在一定程度上影响着专用目标的设置。

3. 内部目标和外部目标

根据来自内部还是外部划分，目标可以分成内部目标和外部目标。

例如，市场占有率、顾客满意度、供应商满意度等属于外部目标；商品损耗率、商品盘点差异率、毛利率等属于内部目标。

外部目标虽然来源于外部，但通过自身努力后同样能够被实现。

4. 过程目标和结果目标

按照是为过程还是为结果服务来划分，目标可以分成过程目标和结果目标。

例如，产品销售收入、客户成交量、毛利率等属于结果目标；拜访客户数量、与客户电话沟通数量、合同签订质量等属于过程目标。

结果来自过程，如果只设置与结果相关的目标，不明确过程目标，也许很难让结果目标实现。如果只设置过程目标，不设置结果目标，则可能得不到想要的结果。

5. 业绩目标和行为目标

按指向业绩和指向行为来划分，目标可以分成业绩目标和行为目标。

例如，销售额增长率、成本降低率、利润增长率等属于业绩目标；会议召开次数、顾客投诉处理次数、培训次数等属于行为目标。

业绩是行为的结果，没有为实现业绩采取具体行为，业绩就难以实现。

6. 长期目标和短期目标

根据时间长度来划分，目标可以分成长期目标和短期目标。

例如，一段时期的毛利率、员工离职率、员工转正率等属于长期目标；会议纪要及时性、培训评估及时性、档案存档及时性等属于短期目标。

企业应当设定长期目标和短期目标，不同时期的目标对应不同的诉求。长期目标对应着美好的愿景，短期目标对应着近期要完成的事项。

7. 重要目标和日常目标

按重要性及发生频率划分，目标可以分成重要目标和日常目标。

例如，融资、上市、企业资源计划（Enterprise Resource Planning, ERP）上线等属于重要目标；安全培训、质量检查、设备检查等属于日常目标。

重要目标是需努力达成的目标，日常目标是需要在日常坚持的目标。

一般来说，同一个时间周期的目标数量不宜过多，一般最多设置 5 个目标。如果目标数量过多，很容易分不清重点，难以指导行为，应用效率不高。

为了促进目标达成，每个目标可以包含 3 ~ 4 个关键结果，让每个岗位的工作人员都能明确工作的重心。

对于不同的岗位，应当设计不同的目标。由于不同岗位定位各异，设计目标时的侧重点自然有所不同。如果岗位更关注业绩，目标也应更关注业绩；如果岗位更关注结果，目标也应更关注结果。

每种岗位都有自身存在的价值与意义，都有特殊的定位和贡献，工作内容各不相同。5 类常见岗位设计目标的侧重点如表 1-2 所示。

表 1-2　5 类常见岗位设计目标的侧重点

岗位类别	价值定位	岗位特性	目标侧重
运营类岗位	推进业务运营战略、流程与计划，协调各方执行并实现运营目标	以运营顺畅为导向	行为目标 内部目标 过程目标 日常目标
营销类岗位	用最低的成本将产品卖出去，并最大化企业的品牌价值与影响力	以达成业绩为导向	业绩目标 定量目标 通用目标 结果目标
技术类岗位	设计出被市场和用户认可的优质产品，顺利将产品推向市场	以技术创新为导向	行为目标 专用目标 内部目标 重要目标
生产类岗位	以较快的速度、较低的成本保质保量地完成生产任务	以质量稳定为导向	行为目标 内部目标 过程目标 日常目标
行政类岗位	妥善处理企业行政事务，为团队主业发展提供行政支持	以内部平稳为导向	行为目标 定性目标 专用目标 日常目标

1.2.2　不同层级的目标设计

不同层级的目标的落脚点是不同的，对应的目标种类也应有所不同。

高层视野开阔，更关注愿景和远期发展，工作落脚点更宏观。基层工作更具体，更关注执行细节和短期任务，工作落脚点更微观。中层介于高层与基层之间，起到上传下达、承上启下的作用，目标种类也介于二者之间。

高层是团队的指引者，要处理复杂问题，要站在高处思考问题，有大局观。高层更关注价值，目标聚焦在带领团队创造更大的价值上。这里的价值主要指业绩成果，通常体现为财务上的总数字。

中层是团队的中流砥柱，是腰部力量，一方面要关注高层的战略规划，另一方面要关注基层的工作执行情况。中层更关注任务，目标聚焦在保证员工执行好工作项目上。这里的任务主要指一系列行为，也可以指某个项目。

基层是团队的基石，要关注细节，要将行动执行到位。基层更关注行为，目标聚焦在让每一个行动都执行到位上。这里的行动应当可以被分解为每一个动作。

职场上不同层级的目标的落脚点都应当是结果，但不同层级强调的结果是有所不同的，如图 1-10 所示。

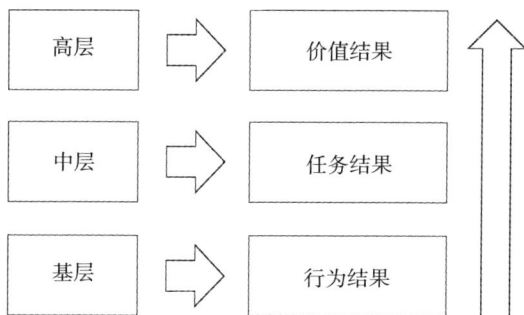

图 1-10　不同层级的目标对应的结果

基层目标的落脚点应该是行为结果。行为结果指的是具体的行为或事件的结果。

中层目标的落脚点应该是任务结果。任务结果指的是某项任务或某个项目的结果。

高层目标的落脚点应该是价值结果。价值结果指的是为企业创造价值方面的结果，主要体现在效益、效率、成本和风险 4 个维度。

这 3 类结果是从微观到宏观、互为因果的关系。

案例

某公司人力资源部门设有分管培训管理工作的培训分部，培训分部下设有培训专员、培训经理和培训总监3类岗位。

培训专员属于基层岗位，其职责主要是组织日常培训活动。这类岗位应当重点关注行为结果。对基层培训专员来说，行为结果就是实施培训的次数，或者参训学员人数。

培训经理属于中层岗位，其职责是管理培训专员。这类岗位关注的重点应该是任务结果。对中层培训经理来说，任务结果就是指实施某一项任务或某一个项目后得到的结果，具体可以是培训计划完成率、培训课程完成率等体现培训项目整体完成情况的结果。

培训总监属于高层岗位，其职责是管理培训经理和培训专员。这类岗位关注的重点应该是价值结果。对高层培训总监来说，价值结果可以是人才能力达标率和人才梯队完备率。

人才能力达标，代表员工具备了完成工作需要的能力。人才梯队完备率，代表人才梯队的完整情况，如果重要岗位的人才离职，有能力达标的人才及时补充，就能够减少人才离职带来的损失。

在行为结果、任务结果和价值结果方面，设计目标时关注的侧重点是不同的，如图1-11所示。

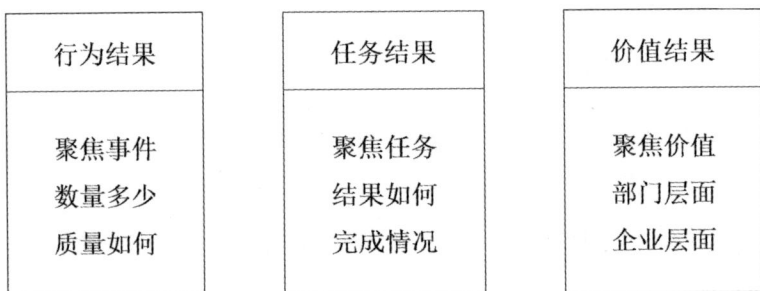

行为结果	任务结果	价值结果
聚焦事件 数量多少 质量如何	聚焦任务 结果如何 完成情况	聚焦价值 部门层面 企业层面

图1-11 不同层级目标的不同侧重点

行为结果聚焦在具体事件上，一般更关注事件的数量和质量。

任务结果聚焦在整个任务上，一般更关注任务的结果和完成情况。

价值结果聚焦在最终价值上，一般更关注部门和企业层面创造的价值。

某招聘管理专员每天最多的工作内容是筛选简历、邀人面试。为了促成面试，招聘管理专员需要与人力资源部门的领导和各个部门的领导沟通。人才招聘成功之后，招聘管理专员还要带领新员工办理入职手续。

如果要为招聘管理专员设计目标，目标可以是平均每月打电话的数量、筛选简历的数量、组织面试的数量、办理新员工入职手续的数量等。在设计岗位目标的过程中，重点要体现招聘管理专员做的具体事件、数量和质量。

继续向上推演，可以由这些事件得出任务目标和任务结果。这里的目标可以是企业层面的目标，也可以是部门层面的目标。再向上推演，能得出某项价值。这项价值可能是对企业的价值，也可能是对某个部门的价值。

如果不按"不同层级对应不同结果"的逻辑来设计目标，就可能会出问题。反面案例如下。

某公司设有人才发展总监岗位，负责整个公司的培训管理和人才培养工作。这位总监是这样设置岗位目标的：由于上年度一共组织了100场培训，所以本年度的目标是组织120场培训。

这位人才发展总监设定目标的逻辑显然是有问题的，他没有透彻分析本年度准备组织120场培训是怎么得出来的，没有说明这120场培训要达到什么样的具体目标，也没有说明组织培训能为公司创造什么样的价值。

培训的数量绝对不是越多越好，因为培训需要耗费参训人员和组织人员大量的时间和精力，算上时间成本和机会成本，实际上组织一场线下培训的成本是比较高的。

这位人才发展总监如果想为公司创造价值，那么可以按如下逻辑对组织培训工作进行复盘。

上年度一共组织了100场培训，经过评估，发现其中有20场培训的效果较差，原因是……发现有50场培训非常成功，原因是……

本年度准备通过培训，将公司某类岗位的业绩提高到×××，将某类岗位的效率提高到×××，将某方面的成本控制在×××，降低×××方面的风险。

为了达成上述价值结果，准备组织的培训内容是×××，培训的场次有

×××，每个场次准备达到×××目标。

为了保证这些培训顺利进行，准备做的工作是×××。

按照这样的逻辑来设计目标，也许上年度组织了100场培训，本年度只需要组织50场培训。

不同层级岗位开展工作的内容不同，关注的重点也有所不同。不同岗位在设定目标时，要重点关注行为、任务和价值3个层面，也要注意总揽全局，在关注自身所在层面的同时，适当关注其他层面。

1.2.3 多目标的精准定位

当可以选择的目标较多时，如何精准定位，找到适合的目标呢？企业可以通过应该达成的目标、想要达成的目标和能够达成的目标3个维度来寻找答案。精准定位目标的三环模型如图1-12所示。

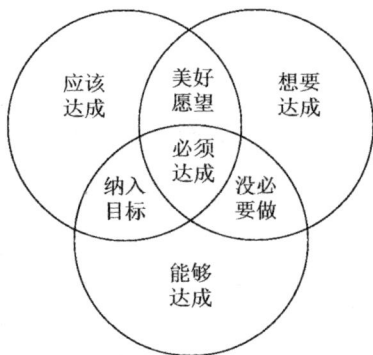

图1-12 精准定位目标的三环模型

1. 应该达成的目标

应该达成的目标是根据企业战略或部门策略的要求，岗位应该达成的目标。这是岗位的责任（职责），是宏观情境对微观岗位的客观要求，但这种要求并不一定能够被岗位员工所认知。

2. 想要达成的目标

想要达成的目标是员工根据自己对情境的理解和判断，主观认为岗位想要达成的目标。这是岗位员工对本岗位目标的定义，是员工的主观意愿。

3. 能够达成的目标

能够达成的目标是受员工的个人能力和所能调动资源的限制，岗位实际上可以达成的目标。这是岗位员工在制定目标并根据目标展开行动后，实际完成的目标。员工能够达成什么样的目标不仅反映了员工的个人能力，还反映了员工周围的环境。

4. 必须达成的目标

必须达成的目标是经过前面 3 方面综合考虑后，最终决定达成的目标。对于既应该达成，又想要达成，还能够达成的目标，应当立即设定为必须达成的目标。如果环境不发生较大变化，这类目标是最需要投入时间和精力的，应优先达成。

既应该达成，又想要达成，但不能达成的目标，是一种美好愿望，可以关注，或者设定为远期目标，在未来具备必备的资源或能力之后，再将其设定为岗位目标。如果未来难以具备这类资源或能力，也可以选择放弃。

既应该达成，又能够达成，但不想达成的目标，是岗位员工忽略的目标。这类目标常常需要上级管理者提醒和引导员工发现，帮助员工设定。但如果员工暂时不具备达成该目标的条件，可以在设计目标时将其纳入考虑范围。

既能够达成，又想要达成，但不该达成的目标，是岗位员工错误定义的目标。岗位不应该追求这类目标，不需要在这方面做出努力。这类目标通常源于员工对自身岗位存在的价值和意义理解不深。对这类目标的认识，同样需要上级管理者提醒和引导员工。

要保证员工在面临多个目标的情况下选择和设置适合的目标，上级管理者应和员工一起设计目标。上级管理者可以就岗位应该达成的目标给出建议，对岗位能够达成的目标给出预测。岗位员工根据上级管理者的建议确定想要达成的目标。

传统组织中上级向下级直接下达命令、传达任务目标，这是落后的管理方法。上下级应当共同参与到制定目标的过程中，以协商的方式，共同制定组织、业务单位、经营单位、部门、个人等层级的目标。目标的制定过程不仅是自上而下的，还是自下而上的。

1.2.4 多目标的权重划分

当有多个目标时，应当设置目标权重。比较常见的设置目标权重的方法有两种：专家评审法和质量评分法。

1.专家评审法

专家评审法是组成专家团，由专家团中的专家作为评委，独立对所有的目标权重进行评价，根据专家评价的结果取平均值，得出最终的目标权重的方法。

案例

某公司根据战略和绩效价值结构分解，对销售部门设置的绩效目标分别为销售额、毛利额、新顾客增加数量、回款率、销售费用控制 5 项。为了确认这 5 项目标的权重，该公司成立了专家组。

该专家组成员分别有总经理、常务副总经理、分管销售的副总经理以及两位外部的咨询顾问。专家组成员独立评价销售部门 5 项目标的权重，得到的最终结果如表 1-3 所示。

表 1-3 专家组成员对销售部门目标权重的评价结果

目标	A评委	B评委	C评委	D评委	E评委	平均值
销售额	30%	40%	25%	20%	35%	30%
毛利额	10%	5%	15%	10%	10%	10%
新顾客增加数量	30%	25%	35%	40%	35%	33%
回款率	20%	25%	20%	20%	15%	20%
销售费用控制	10%	5%	5%	10%	5%	7%

2.质量评分法

质量评分法是先设定目标大类的比例，根据目标的质量评分得出每项目标的加权得分，然后计算出目标权重值的方法。目标的质量评分项可以根据需要设置，一般包括与战略的相关性、目标与岗位的关联性以及岗位的可控性等，也可以根据企业需要设置其他质量评分项。

案例

某公司将某部门的目标分成两大类，一类是关键业绩目标，另一类是重大任务目标。这两大类目标的权重已经确定，分别是 70% 和 30%。其中，关键业绩目标有 3 个，分别是目标 1、目标 2 和目标 3；重大任务目标有 2 个，分别是目标 4 和目标 5。

该公司决定采用质量评分法确定各项目标的权重。经讨论，公司决定采用与战略的相关性、目标与岗位的关联性及岗位的可控性 3 项目标作为质量评分项，占比分别为 60%、20%、20%。

经过对 5 项目标的最终评分，获得的目标的权重结果如表 1-4 所示。

表 1-4　质量评分法获得的目标权重结果

目标类型	目标权重	具体目标	目标质量评价得分				权重
			与战略的相关性（满分 60 分）	目标与岗位的关联性（满分 20 分）	岗位的可控性（满分 20 分）	加权得分（满分 100 分）	
关键业绩目标	70%	目标 1	50	15	15	80	24.3%
		目标 2	40	10	10	60	18.3%
		目标 3	55	20	15	90	27.4%
重大任务目标	30%	目标 4	60	15	20	95	15%
		目标 5	60	20	15	95	15%

1.3　目标设计难点

企业在设计目标时难免会遇到一些问题。设计目标前，企业有诸多因素要综合考虑，其中最重要的是价值。有的企业会纠结目标是否可量化，实际上目标是否以能获取的客观事实为依据更重要。另外，除了符合 SMART 原则外，企业还可以通过 4 个维度评判目标的质量。

1.3.1　设计目标时要考虑什么

很多人在设定好目标后，总觉得没考虑周全。例如，目标没有贴近价值，任务方案不切实际，开始行动后发现缺少必要的基础或资源等。那么，在设定目标时，如何做到考虑周全呢？

设定目标时，可以用到设置目标的靶心图，如图 1-13 所示。

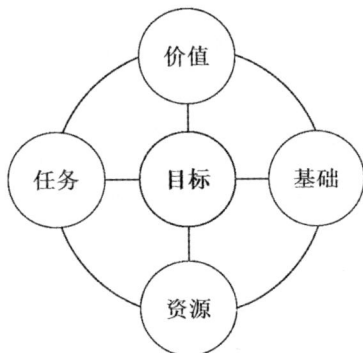

图 1-13 设置目标的靶心图

设定目标时，要考虑 4 个关键点。

1. 价值

价值是设置目标前需要考虑的第一要素，是与目标相关的最重要的要素。后文将对价值做详细描述，这里不展开介绍。需要注意的是，有偏向个人主观认知的价值，也有偏向商业世界共同认知的价值。本书讨论的是偏向商业世界共同认知的价值。

2. 基础

基础是为了完成目标需要的素质、知识、技能、经验等。基础具有一定的可控性，很多时候可以通过个人的努力提升。当不具备某种基础时，个人可以通过某种方式补足。

例如，张三的目标是成为专业的主持人，但张三的口语表达能力较弱，讲话并不流利，而且在公开场合讲话还会胆怯。这种情况显然很难让张三如愿成为主持人，就算有机会参加主持人的选拔，也大概率会被淘汰。

怎么办呢？张三可以努力弥补自己的不足，如多在公开场合练习讲话。

3. 资源

资源指的是来自外部的支持和帮助，是主观努力后不一定可以被改善的事物，其包括人才资源、财务资源、渠道资源等。资源往往需要由外部提供，但这不代表人们不需要努力争取资源。

例如，张三有创立一个环保企业的目标，该企业专注于解决某类环境保护问题。但张三本人虽然知道大致原理，但并不掌握核心技术。要创立和运营这类企业，需要精通专业技术的人才。除此之外，张三创业的资金也不够，需要寻找资金。

与基础不同的是，张三能否找到愿意和自己合作的人才，能否充分调动人才的积极性，虽然与张三的努力有一定关系，但并不完全受张三控制。能否填补资金缺口同样不完全受张三控制。

4.任务

任务是指与实现目标相关的行动。考虑了价值、基础和资源后，每一步该做什么呢？这就需要针对目标设计明确的任务。任务可以为目标服务，也可以为实现目标需要的基础和资源服务。

任务、资源、基础是相互联系的，是统一的整体，它们之间相互影响。例如，张三的基础很好，可能需要的资源就少一些，需要完成的任务也少一些；李四可以动用的资源很多，那么李四需要的基础就少一些，需要完成的任务也少一些；王五既不具备基础，也没有资源，但王五很勤奋，愿意下苦功夫，那王五可以多完成一些任务，来弥补基础和资源的不足。

1.3.2　如何围绕价值设计目标

提起价值，很多人觉得价值是一个说不清、道不明的东西。实际上，商业世界的价值是很实在的，是能够被清晰表现出来的。

要表现商业世界的价值，可以用价值靶心图，如图1-14所示。

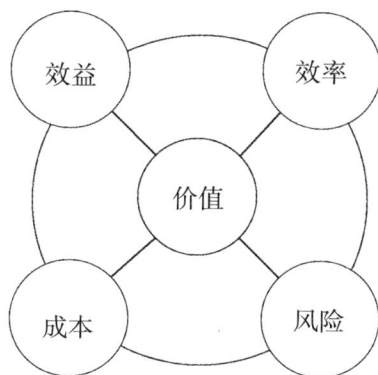

图1-14　价值靶心图

什么是商业世界的价值?

商业世界的价值主要表现在 4 个方面: 效益、效率、成本和风险。也就是说, 如果张三说自己给企业创造价值了, 怎么算是创造价值了呢?

要么, 是提高了某方面的效益, 例如从财务结果上看, 某个方面的销售额提高了。

要么, 是提高了某方面的效率, 例如从单位时间获得的结果来看, 数量增加了。

要么, 是降低了某方面的成本, 例如企业为完成某个任务需要付出的成本降低了。

要么, 是降低了某方面的风险, 例如在某个领域的风险系数下降了。

在其他方面不变差的情况下, 优化了某一个方面, 或某几个方面, 就说明创造了价值。如果某方面确实优化了, 但是其他方面变差了, 就说明没有真的创造价值。

弄清楚什么是价值, 围绕价值设计目标, 不断实现这些目标, 就是在不断地创造价值。

1.3.3　目标无法量化时怎么办

很多人对 SMART 原则中 Measurable 的最初理解都是目标要能被量化。实际上并非如此, 这是对 Measurable 的常见误解, 不能被量化的目标同样能够被衡量。符合 Measurable 原则的目标应当尽可能客观, 而非尽可能被量化。

为保证目标评价体系的客观性和公平性, 许多企业在设置目标时, 希望把所有的目标都设置成能被量化的, 认为这样就能有效避免员工认为目标评价体系不客观。

然而, 目标全部设置成能被量化的, 不意味目标评价体系一定是公正和公平的。同时, 公平和公正的目标评价体系也并不一定需要把所有的目标设置成能被量化的。

案例

张三的目标是某日下午 5 点前, 完成擦拭房间窗户玻璃的任务, 让玻璃光洁透亮, 没有任何污点。这个目标不能被量化, 但可以被衡量, 只需要在下午 5 点时, 到张三的房间检查窗户玻璃有没有 "光洁透亮, 没有任何污点" 就可以了。

相比于追求目标能被量化，更应当追求目标是客观的。客观的结果像是标准化的尺子，主观的评判则更像是一把凭人为感觉画刻度的尺子。

当然，能客观地量化目标是最好的。但如果是主观地量化目标，则量化是没有意义的。

案例

张三给自己制定的目标是让上级对自己的满意度达到 90 分。可上级对张三的满意度完全受上级的主观感受支配，并不能反映张三的真实能力。设置这种主观的量化目标显然是有问题的。

其实，目标被量化并不是关键，关键是目标以事实为依据和验证目标是否达成的信息能被获取。

1. 以事实为依据

目标应当以事实为依据，用事实来衡量。

案例

某公司的总经理助理肩负着维护公共关系的职责。因为这项职责非常重要，为了能够评价总经理助理是否很好地履行了这项职责，总经理希望给该岗位制定与这项职责相关的目标。

可与这类职责相关的目标很难被量化。维护公共关系的职责要求总经理助理定期安排总经理与相关机构的负责人会谈，定期为总经理约见一些关键人物。

要围绕这项职责设定目标，则必须做进一步的关键事件分解和关键流程聚焦，定义出总经理助理每月要做的具体事件，以这些事件是否发生为依据来判断是否达成岗位目标。

可以衡量的目标不一定是能被量化的目标，只要以事实为依据，只要是基于某个可以被观测或检验的事实，就代表这个目标是可以被衡量的。

2. 验证目标是否达成的信息能被获取

验证目标是否达成的信息能被获取，目标才能被衡量。

例如，张三觉得头晕，去医院检查，发现自己患有低血糖症，原因可能是最近减肥采取了比较极端的断食方式，影响了自己的健康。于是其制定目标，增加每天的食物摄入量，让血糖恢复正常水平。

可张三没有自测血糖的设备，他通过以下方式判断自己的血糖是否处于正常水平：如果自己头晕就是血糖不正常，如果不头晕就是血糖正常。这显然非常不科学。如果血糖数据不能够被获取，那"让血糖恢复正常水平"显然就不是一个有效的目标。

企业员工设置目标也是如此，验证目标是否达成的事实必须能通过某种方式被获取。

总之，目标应尽可能是客观的，最好是能够被量化的，但并不需要一味地追求量化目标，应当以事实为依据，同时，验证目标是否达成的信息应当是能够被有效获取的。

1.3.4 评判目标质量的 4 个维度是什么

除了根据 SMART 原则检验目标质量外，还有没有什么方式能用来检验目标质量呢？

要检验目标质量，除了遵循 SMART 原则外，还可以从 4 个维度入手，分别是可控性、可实施性、低成本和高贡献度。

1. 可控性

可控性指的是目标和员工具备一定的关联性，要在一定程度上能够控制。如果目标不被控制，就算这个目标再重要，也不是有效的目标。

案例

张三和李四合伙创业，公司发展稳定后，业务规模不断扩大，盈利不断增加。张三觉得李四并没有在经营管理中做出应有的贡献，公司的发展几乎靠自己，期望李四把持有的股份出让给自己，并据此设定目标为"1 个月内，说服李四转让全部股份"。

显然，这个目标并不是张三努力就可以实现的，还需要李四对此做出回应。如果李四坚持，无论张三给出什么条件，就是坚决不出让自己的股份，那张三无论做出什么努力也不能达成这个目标。这个目标是可控性比较差的目标。

设定目标时，目标的可控性应控制在一定范围。完全不受控的目标是无效的目标。

2. 可实施性

可实施性指的是目标具备可行性，能通过某种行动被实现。目标如果难以实现，同样不能作为有效的目标。

案例

张三的目标是在工作之余开展一项副业。这项副业最好既轻松，又能为张三带来可观的收入。然而张三的工作时间不固定，而且经常需要加班，回到家后张三常常累得只想睡觉。这让张三不知道自己适合开展什么样的副业。

首先，张三很难找到既轻松又能带来可观收入的副业。其次，张三的主业已经占用了他大量的时间和精力，他没有时间和精力开展副业。这个目标是可实施性比较差的目标。

设定目标时，要保证目标具备一定的可实施性，具备可实施性的目标才是有效的目标。

3. 低成本

低成本指的是实现目标和评估目标需要付出的成本较低（尤其是评估目标）。如果为评估目标需要付出的成本较高，则目标通常是无效的。

案例

张三开了一家超市，服务周围社区。张三推出会员服务后，已经陆续有3 000多人成为会员。为提高服务质量，张三给自己设定的目标是："年底向所有会员发放和回收调查问卷，保证会员满意度达到100%。"

向3 000多人发放和回收调查问卷，并保证3 000多人全部正确填写，还要回收和统计填写结果，评估目标的工作量巨大，评估成本较高。张三不如将目标改为"每年会员零投诉"，让有投诉需求的会员主动来找超市，这样可以省去大量的评估成本。

设定目标时，要将实现目标和评估目标的成本控制在可接受的范围内，没必要为了实现或评估某个目标而付出过多时间和精力。

4. 高贡献度

高贡献度指的是实现当前目标对实现远大的目标应具备比较高的贡献度。如果当前目标的贡献度低，则代表耗费了时间却没有为实现远大的目标服务，这项目标是无效的目标。

案例

张三的语言表达能力比较弱，他不敢在公开场合讲话。不少事情自己心里很清楚，却不知道如何表达出来。为了提升自己的语言表达能力，张三设定的目标是"每天看30分钟公开演讲的视频"。

每天看30分钟公开演讲的视频虽然在一定程度上有助于提升语言表达能力，但提升效果并不明显。要提升语言表达能力，最好的办法是不断练习，与其每天看30分钟公开演讲视频，不如自己每天尝试在公开场合演讲30分钟。

设定目标时，要尽可能让小目标比较直接地为大目标服务，让小目标对大目标有更高的贡献度。

要检验目标的质量，除了应用SMART原则外，还可以应用目标质量检验表，如表1-5所示。

表1-5　目标质量检验表

目标	可控性	可实施性	低成本	高贡献度	结论
A					
B					
C					

应用目标质量检验表从4个维度来检验目标的质量时可以用"高、中、低"3个层级来表示，也可以用"5、4、3、2、1"从高到低的5个分值来表示，还可以用是或否来表示。

案例

某公司在给销售业务员设置目标时，初步列出了销售额、毛利额、利润额和顾客满意度4项目标。对这4项目标的质量检验如表1-6所示。

表1-6　某公司销售业务岗位目标质量检验表

目标	可控性	可实施性	低成本	高贡献度	结论
销售额	高	高	高	高	高质量

续表

目标	可控性	可实施性	低成本	高贡献度	结论
毛利额	中	高	高	高	中等质量
利润额	低	高	高	高	中低质量
顾客满意度	中	低	低	高	低质量

销售额与公司销售业务员岗位的关联性最大。这项目标的可控性和可实施性比较高，评估成本比较低，对公司的贡献度比较高。所以销售额对销售业务员来说，可以判定为高质量目标。

毛利额虽然对销售业务员来说可实施性比较高，评估成本比较低，对公司的贡献度比较高，但可控性中等。所以毛利额对销售业务员来说，可以判定为中等质量目标。

同样地，利润额虽然对销售业务员来说可实施性比较高，评估成本比较低，对公司的贡献度比较高，但可控性偏低。所以利润额对销售业务员来说，可以判定为中低质量目标。

顾客满意度的可控性中等，虽然该目标对公司的贡献度较高，但可实施性较低，评估成本较高。所以顾客满意度对销售业务员来说，可以判定为低质量目标。

1.4 目标周期设计

完成任何目标都要耗费一定的时间，都暗含着时间限制。如果没有时间限制，则多长时间完成目标都是合理的，实现目标的人将会失去紧迫感，可能拖延。在企业中，这种时间限制就是时间周期。在不同的时间周期，应当有对应的目标。

1.4.1 为不同人数的团队设计目标周期

为不同人数的团队设计的目标周期一般是不同的。目标周期比较常见的有周、月、季和年4种。一般团队人数越多，目标周期就越长；团队人数越少，目标周期就越短。

如果为人数较多的团队设计的目标周期过短，可能完成设计目标、执行目标、评价目标以及就目标产生的一系列分析和改进等工作需要耗费的成本就会过高。如果为人数较少的团队设计的目标周期过长，则可能起不到通过目标激发团队行动的效果。

目标周期与团队人数关系如表 1-7 所示。

表 1-7　目标周期与团队人数关系

团队人数	目标周期参考
10 人以下	周
10 ～ 100 人	周、月
101 ～ 300 人	月、季
300 人以上	季、年

表 1-7 中的团队人数，指的不是整个企业的人数，而是实施目标管理的上级和下级组成的团队人数，也就是在组织管理模式层面，能够形成直接管理关系的最小团队单位人数。

案例

某项目制公司的组织模式分成 3 层级，如图 1-15 所示，公司总经理直接管理着 5 个项目负责人。

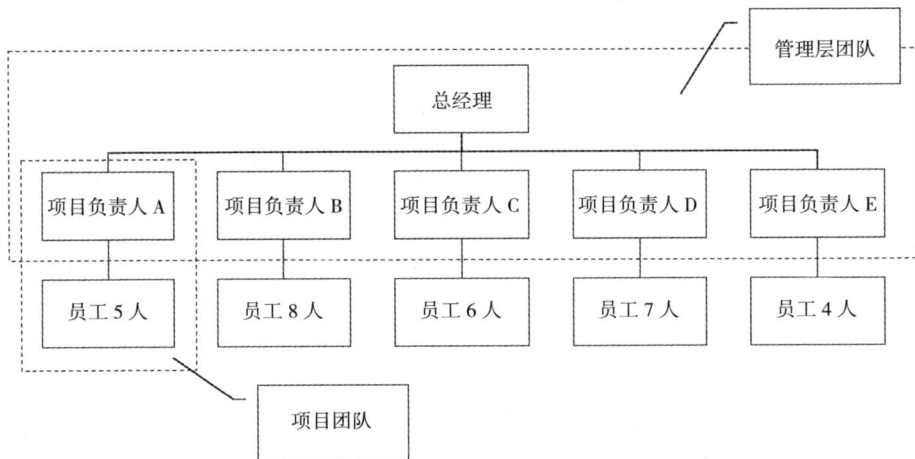

图 1-15　某项目制公司的组织模式

在该公司中，虽然整个公司的人数超过 10 人，但总经理和 5 个项目负责人组成的管理层团队的人数少于 10 人。同时，以各项目负责人为首的项目团队人数也少于 10 人。对该公司来说，目标周期可以为周。

除了团队人数外，目标周期还与市场变化的速度、技术产品迭代的速度、企业战略转型的变化速度以及其他一些实际情况有关。一般来说，市场变化速度越快，技术产品迭代的速度越快，企业战略转型的变化速度越快，目标周期应当越短。

企业层面的目标周期可以和部门 / 团队层面的目标周期有所不同。例如，有的企业规模比较大，企业层面的目标可以季为周期实施，部门层面的目标可以月为周期实施，团队层面的目标可以周为周期实施。

1.4.2 为不同岗位设计目标周期

目标周期应当根据层级的不同和岗位的不同而有所不同。

对于管理岗位，根据职责权限和管理属性的不同，一般高层的目标周期较长，基层的目标周期较短。

高层管理者、中层管理者和基层管理者可以选取的目标周期如表 1-8 所示。

表 1-8 管理岗位层级与目标周期的关系

管理岗位层级	目标周期特点	目标周期参考
高层管理者	长	年、半年
中层管理者	中	半年、季、月
基层管理者	短	季、月、周

按照工作属性划分，常见岗位的类别可以分成技术研发类、销售业务类、行政管理类、生产操作类、客户服务类。为这 5 类岗位设计目标周期时考虑的因素如下。

1. 技术研发类

技术研发类岗位一般因为产品研发周期较长，应设计较长的目标周期。项目类岗位可以项目周期为目标周期。如果项目周期较长，可以分阶段设计目标周期。对于技术研发类岗位不是按照项目制设置的企业，可以视情况，以季、半年或者年为目标周期。

2. 销售业务类

销售业务类岗位由于需要即时性的激励，目标周期不应太长。但是由于销售业务类岗位通常会有回款问题，所以这类岗位的目标周期也不能太短。所以销售业务类岗位的目标周期根据情况可以为月、季或半年。

3. 行政管理类

在目标管理过程中行政管理类岗位往往需要付出的成本较高，如果目标周期较短，可能需要付出较多的管理成本。如果目标周期较长，可能起不到管理效果。所以行政管理类岗位的目标周期一般视情况可以为月或季。

4. 生产操作类

生产操作类岗位工作人员因为每天都要从事生产劳动，生产劳动的结果能够即时体现。所以生产操作类岗位的目标周期应较短。根据企业的实际生产情况，生产操作类岗位可以天、周或者月为目标周期。

5. 客户服务类

客户服务类岗位的工作人员几乎每天都要和客户打交道，客户服务的结果往往能够即时体现。所以客户服务类岗位的目标周期一般比较短。根据情况，客户服务类岗位可以天、周或月为目标周期。

技术研发类、销售业务类、行政管理类、生产操作类、客户服务类岗位的目标周期如表1-9所示。

表1-9 岗位类别与目标周期关系

岗位类别	目标周期特点	目标周期参考
技术研发类	长	季、半年、年
销售业务类	中	月、季、半年
行政管理类	中	月、季
生产操作类	短	天、周、月
客户服务类	短	天、周、月

第 2 章

年度经营计划设计

年度经营计划是经营管理的基础，对企业的经营管理体系的运行起着重要的作用。年度经营计划的质量好坏决定了企业的工作是否可以围绕目标有序开展。如果年度经营计划出了问题，企业的经营管理将会失去方向，可能走向失败。

2.1 企业年度经营计划

企业年度经营计划（本书中，若无特殊说明，"经营计划"指"年度经营计划"）中必须包括企业期望达到的结果，以及为了达到结果需要采取的行动。年度经营计划不是只有企业层面的目标与工作计划，还应有部门层面和岗位层面的目标与工作计划。当然，部门和岗位层面的目标与工作计划，来源于企业层面的目标与工作计划。

2.1.1 年度经营计划的作用

在企业日常经营管理过程中，很多管理者对目标比较重视，但对年度经营计划不够重视。尤其是刚开始制订年度经营计划的企业，其对年度经营计划的必要性没有足够的认识。

制订年度经营计划的作用主要有 5 点。

1. 形成约定

年度经营计划是各部门管理者和员工就完成工作的目标、形式、标准形成的约定。管理者对年度经营计划的认可等同于企业和员工之间就工作目标和目标完成的标准达成了一致的意见。

2. 促进双向沟通

年度经营计划的制订过程是管理者和员工之间就经营相关事项进行充分沟通的过程。在这个过程中，管理者和员工可以就企业的经营发展问题达成一致的意见。同时，员工在这个过程中也加深了对目标和行动的了解。

3. 提供依据

年度经营计划能够为企业、部门和员工提供目标评价的依据。出色完成经营计划的部门或个人，将会获得奖励；对于没有完成年度经营计划的部门或个人，管理者可以帮助其分析计划没有完成的原因，并帮助其改进计划，达成目标。

4. 增强参与感

年度经营计划能够增强员工的参与感。在年度经营计划制订的过程中，员工可以表达对企业、对部门以及对个人目标实施情况的观点和看法，将个人目标与企业目标相匹配。

5. 努力方向

年度经营计划能够为员工指明努力的方向。年度经营计划中包含了目标、目标权重以及目标评价等各方面内容。这对部门和个人提出了明确而具体的期望和要求，同时明确表达了部门和员工在哪些方面取得成就会获得奖励，让部门和员工可以朝企业期望的方向努力。

2.1.2 年度经营计划的分类

经营计划按照责任主体划分，可以分为企业经营计划、部门工作计划和岗位工作计划3个层面。一般来说，这3个层面的计划是自上而下逐级分解形成的。

企业经营计划决定了部门工作计划，部门工作计划决定了岗位工作计划。当部门内所有员工的岗位工作计划完成时，部门工作计划也就相应完成了。当所有部门工作计划完成时，企业经营计划也相应完成。

经营计划按照责任主体的分类如图2-1所示。

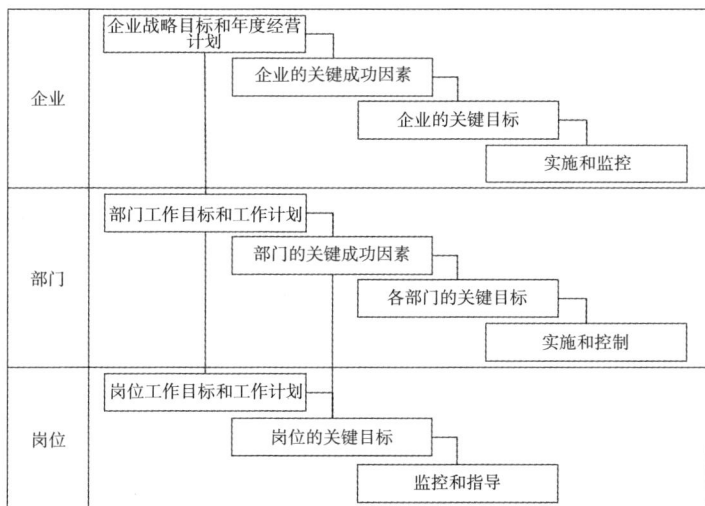

图2-1 经营计划按照责任主体的分类

工作计划的制订过程，是企业把经营目标和计划往下层层分解，形成体系，最终落实到个人的过程。从企业战略目标和年度经营计划开始，通过关键成功因素分析和关键目标分解把目标分解到各部门和各岗位，同时考虑外部环境变化以及内部条件的制约，从而把岗位目标和企业整体发展战略联系起来。

企业经营计划来源于企业战略目标。企业经营计划中需要包含企业的关键成功因素和关键目标，并在企业经营计划执行过程中进行有效实施和控制。

部门工作计划来源于企业战略目标和经营计划。部门工作计划中应当包含部门的关键成功因素，以及各部门的关键目标。在部门工作计划执行过程中，同样需要有效地实施和控制。

岗位工作计划来源于企业战略目标和经营计划、部门工作计划。岗位工作计划中包含了岗位的关键目标。在实施岗位工作计划的过程中，管理者需要不断地实施监控和指导。

在制订企业经营计划、部门和岗位工作计划的过程中，应协调各方面的资源，促进部门和岗位工作计划的实现，从而保证企业经营目标和计划的实现。

经营计划也可以按照时间分类，分为年度经营计划、季度经营计划、月度经营计划、每周经营计划和每日经营计划。按照时间周期划分经营计划时，会将较长时期的工作计划分解为较短时期的工作计划。例如，将年度经营计划分解为季度经营计划，将季度经营计划分解为月度经营计划。

2.1.3　年度经营计划的原则

在制订经营计划时，要遵循以下原则。

1. 战略性原则

管理者要在企业的愿景、使命、核心价值观的指引下，设定战略目标和经营计划。

2. 价值性原则

制订的经营计划，要与提升企业的价值和追求股东权益最大化的宗旨相一致，以价值创造为导向。

3. 系统性原则

经营计划要与战略规划、资本计划、经营预算计划、人力资源管理计划等紧密相关，配套使用。

4. 协同性原则

企业的经营计划，要与部门及各岗位的工作计划协同，都要以各自的目标为纽带，形成全面协同的管理系统。

5. 参与性原则

制订经营计划的过程中，企业应当发动各级管理者积极参与，充分沟通，确保各级管理者都能够了解经营计划。

6. 一致性原则

制订经营计划的最终目的，是保证企业总体发展战略和年度经营目标的实现，所以经营计划一定要与企业的愿景及年度经营目标保持一致。

7. 可行性原则

经营计划应当是可实现的，而且应当说明其实现方法。不能盲目地制订过高的目标和计划，否则目标和计划将难以实现。

8. 职位特色原则

因为每个岗位的目的、职责、工作重点、工作内容都是不同的，所以经营计划中的工作计划应当根据岗位特色制订。

9. 突出重点原则

一般来说，员工需要履行的工作职责越多，工作成果也会越多。不过，经营计划的内容有限，通常不能把所有想达成的工作成果罗列出来。因此，经营计划中要突出重点工作。

2.1.4 年度经营计划的内容

因为企业的规模不同，所处的行业、阶段不同，所以不同企业的经营计划截然不同。不过，经营计划中至少要包括 3 类内容：做什么、做到什么程度和如何做。经营计划的内容如下。

1. 总体目标

经营计划中应当包括企业的总体目标。这里的目标同样应当符合 SMART 原则，应当是经目标质量评判 4 个维度评价后的高质量目标。

2. 评价标准

经营计划中要有评价标准，即应当以何种方式衡量目标完成质量达到企业的要求。

3. 行动方针

经营计划中应当包括企业为实现目标采取的行动方针，具体而言包括为实现目标需要开展的具体行动，或者各部门需要的资源支持。

需要注意的是，年度经营计划中可以包括一些方向性、号召性、导向性的话语，但不能通篇都是这样的内容。年度经营计划要给各级管理者和员工提供指导工作、执行工作和评价工作的依据。如果年度经营计划中的内容过于笼统、宽泛，则年度经营计划就无法有效指导各级管理者和员工开展工作。

2.2　部门年度目标

企业的年度经营计划要落地，需要各部门的支持。只有当各部门的年度计划完成时，企业的年度经营计划才能完成。在部门年度计划中，目标是关键要素。部门年度计划是否达成，评判依据正是各部门的年度目标是否达成。

2.2.1　总经理年度目标

总经理是企业日常经营中最高的管理职位，主要职责包括：负责制定和实施企业总体战略与年度经营计划；建立和健全企业的管理体系与组织结构；主持企业的日常经营管理工作；实现企业经营目标和发展目标等。

总经理年度目标应当体现企业经营的最终结果，如表 2-1 所示。

表 2-1　总经理年度目标

目标	目标定义	数据来源
主营业务收入完成率	考核期内的实际业务收入÷目标业务收入×100%	财务会计部门
主营业务收入增长率	（考核期末的主营业务收入÷前一考核期末的主营业务收入−1）×100%	财务会计部门
利润总额完成率	考核期内的实际利润÷目标利润×100%	财务会计部门
利润增长率	（考核期末的利润总额÷前一考核期末的利润总额−1）×100%	财务会计部门
净资产收益率	考核期末的净利润总额÷前一考核期末的净资产×100%	财务会计部门
融资计划完成率	考核期内实际融资额÷融资目标额×100%	财务会计部门
市场占有率	考核期内销售额÷整个行业销售总额×100%	第三方权威机构
品牌市场价值增长率	（考核期末的品牌价值÷前一考核期末的品牌价值−1）×100%	第三方权威机构
顾客满意度	考核期内对企业满意的顾客数量÷考核期内被调查顾客的数量×100%	第三方权威机构

2.2.2　市场营销部门年度目标

市场营销部门的岗位可以分成市场调研、营销策划、市场拓展、品牌推广、产品促销等。

市场营销部门的主要职责包括：规划、制定并推进市场营销战略与策略，实现企业各项年度经营目标；组织制定市场规划、市场策略与产品拓展工作；制定、实施各项市场调研计划以及市场调研项目，为相关部门人员提供所需的市场信息；拟订并实施促销方案，监督实施各项促销活动，进行促销效果评估；等等。

市场营销部门年度目标如表 2-2 所示。

表 2-2 市场营销部门年度目标

目标	目标定义	数据来源
销售收入完成率	考核期内的实际销售收入 ÷ 目标销售收入 × 100%	财务会计部门
销售收入增长率	（考核期末的销售收入 ÷ 前一考核期末的销售收入 –1）× 100%	财务会计部门
毛利率完成率	考核期内的实际毛利率 ÷ 目标毛利率 × 100%	财务会计部门
营销费用率	考核期内的营销费用 ÷ 考核期内的销售收入 × 100%	财务会计部门
营销计划完成率	考核期内实际完成营销计划中项目数量 ÷ 营销计划应完成项目数量 × 100%	市场营销部门
市场推广计划完成率	考核期内实际完成的市场推广计划项目数量 ÷ 市场推广计划中应完成项目数量 × 100%	市场营销部门
客户保留率	考核期内继续合作的客户数量 ÷ 考核期前的客户数量 × 100%	市场营销部门
市场占有率	（考核期内销售额 ÷ 整个行业销售总额）× 100%	第三方权威机构
品牌市场价值增长率	（考核期末的品牌价值 ÷ 前一考核期末的品牌价值 –1）× 100%	第三方权威机构
顾客满意度	考核期内对企业满意的顾客数量 ÷ 考核期内被调查顾客的数量 × 100%	第三方权威机构
市场资料归档率	考核期内归档的市场资料数量 ÷ 考核期内应归档的市场资料数量 × 100%	档案室
本部门培训计划完成率	考核期内实施培训的数量 ÷ 考核期内培训计划中的培训数量 × 100%	人力资源部门
本部门核心员工流失率	考核期内离职的核心员工数量 ÷（考核期内离职的核心员工数量 + 考核期末仍在职的核心员工数量）× 100%	人力资源部门
本部门员工流失率	考核期内离职的员工数量 ÷（考核期内离职的员工数量 + 考核期末仍在职的员工数量）× 100%	人力资源部门

2.2.3　企划广告部门年度目标

企划广告部门的岗位一般包括企划总监、企划经理、策划总监、活动策划、广告策划等。

企划广告部门的主要职责包括：组织开展广告策划；广告创意设计；推广企业品牌；宣传企业形象；推广企业产品；等等。

企划广告部门年度目标如表 2-3 所示。

表 2-3　企划广告部门年度目标

目标	目标定义	数据来源
企划完成率	考核期内企划实际完成数量 ÷ 考核期内企划应完成数量 ×100%	总经办
策划方案完成率	考核期内实际完成的策划方案数量 ÷ 考核期内应完成的策划方案数量 ×100%	总经办
企划方案成功率	（考核期内通过的企划方案数量 ÷ 考核期内提交的企划方案数量）×100%	总经办
销售收入增长率	（考核期内广告企划带来的销售收入增加额 ÷ 上一考核期内广告企划带来的销售收入增加额 -1）×100%	财务会计部门
广告投放有效性	增加利润额 ÷ 增加的广告投放费用 ×100%	财务会计部门
危机事件公关及时性	考核期内及时处理危机事件的次数 ÷ 考核期内发生危机事件的总次数 ×100%	总经办
危机事件公关有效性	考核期内有效解决危机事件的次数 ÷ 考核期内发生危机事件的总次数 ×100%	总经办
企划费用控制率	考核期内实际花费的企划费用 ÷ 考核期内计划的企业费用 ×100%	总经办
外部单位满意度	考核期内外部单位或媒体对企业满意的数量 ÷ 考核期内全部参与调查的外部单位或媒体数量 ×100%	第三方权威机构
广告企划满意度（内部客户）	考核期内对广告企划满意的内部客户数量 ÷ 考核期内全部被调查的内部客户数量 ×100%	人力资源部门

目标	目标定义	数据来源
本部门培训计划完成率	考核期内实际实施培训的数量 ÷ 考核期内培训计划中的培训数量 ×100%	人力资源部门
本部门员工流失率	考核期内离职的员工数量 ÷（考核期内离职的员工数量＋考核期末仍在职的员工数量）×100%	人力资源部门

2.2.4 采购供应部门年度目标

采购供应部门的岗位一般包括采购总监、采购经理、采购助理、采购专员、供应商管理专员等。

采购供应部门的主要职责包括：制订、组织、协调采购计划；达成企业所期望的与货物种类、库存和利润有关的目标；调查、分析和评估市场以确定客户的需要和采购时机；拟订和执行采购战略；根据产品的价格、种类和质量，有效地分配特定货品；发展和处理与当地供应商的关系；等等。

采购供应部门年度目标如表 2-4 所示。

表 2-4 采购供应部门年度目标

目标	目标定义	数据来源
采购资金节约率	（1- 实际采购物资资金 ÷ 预算采购物资资金）×100%	财务会计部门
采购计划完成率	考核期内完成采购数量 ÷ 计划完成的采购数量 ×100%	仓储物流部门
采购到货及时性	考核期内按时完成的订单数 ÷ 考核期内采购订单总数 ×100%	仓储物流部门
采购订单差错率	考核期内数量或质量有问题的采购金额 ÷ 考核期内采购总金额 ×100%	质量管理部门
采购质量合格率	考核期内采购物资合格数量 ÷ 考核期内采购物资总量 ×100%	质量管理部门
供应商履约率	考核期内供应商履约合同数 ÷ 考核期内订立合同总数 ×100%	采购供应部门
供应商开发计划完成率	考核期内实际完成的供应商开发数量 ÷ 计划在考核期内完成的供应商开发数量 ×100%	采购供应部门

目标	目标定义	数据来源
采购安全事故发生率	考核期内实际发生的采购安全事故次数 ÷ 考核期内的采购次数 ×100%	安环管理部门
采购部门客户满意度（内部客户）	考核期内对采购部门满意的内部客户数量 ÷ 考核期内全部被调查的内部客户数量 ×100%	人力资源部门
本部门培训计划完成率	考核期内实施培训的数量 ÷ 考核期内培训计划中的培训数量 ×100%	人力资源部门
本部门核心员工流失率	考核期内离职的核心员工数量 ÷（考核期内离职的核心员工数量 + 考核期末仍在职的核心员工数量）×100%	人力资源部门
本部门员工流失率	考核期内离职的员工数量 ÷（考核期内离职的员工数量 + 考核期末仍在职的员工数量）×100%	人力资源部门

2.2.5 运营管理部门年度目标

运营管理部门的岗位可以分成产品运营、内容运营、用户运营、活动运营等。

运营管理部门的主要职责包括：负责策划与推进企业的业务运营战略、流程与计划；组织协调企业各部门执行企业的运营目标；执行、协调和监督日常经营行为；等等。

运营管理部门年度目标如表2-5所示。

表2-5 运营管理部门年度目标

目标	目标定义	数据来源
销售收入完成率	考核期内的实际销售收入 ÷ 考核期内的目标销售收入 ×100%	财务会计部门
销售收入增长率	（考核期末的销售收入 ÷ 前一考核期末的销售收入 –1）×100%	财务会计部门
运营计划完成率	考核期末实际完成的项目数量 ÷ 考核期计划完成的项目数量 ×100%	人力资源部门
运营转化率	考核期内运营产生的销售收入 ÷ 考核期内总销售收入 ×100%	财务会计部门

目标	目标定义	数据来源
运营客户增长率	考核期内因运营工作产生的客户增长数量 ÷ 考核期内总客户增长数量 ×100%	市场营销部门
运营客单价	考核期内因运营工作产生的成交金额 ÷ 成交人数	财务会计部门
客户浏览量增长率	（考核期内客户浏览量 ÷ 上一考核期内客户浏览量 −1）×100%	行政管理部门
客户停留时长增长率	（考核期内客户停留时长 ÷ 上一考核期内客户停留时长 −1）×100%	行政管理部门
客户保留率	考核期内继续合作的客户数量 ÷ 考核期前的客户数量 ×100%	行政管理部门
市场占有率	考核期内销售额 ÷ 整个行业销售总额 ×100%	第三方权威机构
顾客满意度	考核期内对企业满意的顾客数量 ÷ 考核期内被调查顾客的数量 ×100%	第三方权威机构
运营资料归档率	考核期内归档的运营资料数量 ÷ 考核期内应归档的运营资料数量 ×100%	行政管理部门
本部门培训计划完成率	考核期内实施培训的数量 ÷ 考核期内培训计划中的培训数量 ×100%	人力资源部门
本部门核心员工流失率	考核期内离职的核心员工数量 ÷（考核期内离职的核心员工数量 + 考核期末仍在职的核心员工数量）×100%	人力资源部门
本部门员工流失率	考核期内离职的员工数量 ÷（考核期内离职的员工数量 + 考核期末仍在职的员工数量）×100%	人力资源部门

2.2.6 技术工艺部门年度目标

技术工艺部门的岗位一般包括技术总监、技术工程师、研发工程师、技术助理、研发助理等。

技术工艺部门的主要职责包括：主持企业研发与技术管理工作；规划企业的技术发展路线与新产品开发方向；实现企业的技术创新目标；研制、设计、开发新产品；提供技术支持；等等。

技术工艺部门年度目标如表2-6所示。

表 2-6　技术工艺部门年度目标

目标	目标定义	目标来源
技术创新使材料消耗降低率	（1- 改进后工序材料消耗 ÷ 改进前工序材料消耗）×100%	财务会计部门
技术改造费用率	考核期内技术改造实际发生成本 ÷ 考核期内销售收入 ×100%	财务会计部门
研发成本费用率	考核期内实际发生的研发成本 ÷ 考核期内销售收入 ×100%	财务会计部门
新产品利润贡献率	考核期内新产品利润总额 ÷ 考核期内的总利润额 ×100%	财务会计部门
技术改进项目完成率	考核期内实际完成的技术改进项目数量 ÷ 计划在考核期内完成的技术改进项目数量 ×100%	技术工艺部门
研发项目完成率	考核期内实际完成的研发项目数量 ÷ 计划在考核期内完成的研发项目数量 ×100%	技术工艺部门
科研项目申报计划完成率	考核期内实际申报的科研项目数量 ÷ 计划在考核期内申报的科研项目数量 ×100%	技术工艺部门
科研成果转化率	考核期内实际转化成科研成果的项目数量 ÷ 考核期内启动的所有科研项目数量 ×100%	技术工艺部门
技术研发资料归档率	考核期内归档的技术研发资料数量 ÷ 考核期内应归档的技术研发资料数量 ×100%	档案室
实验事故发生率	考核期内实际发生的实验事故次数 ÷ 考核期内的实验总次数 ×100%	安环管理部门
顾客满意度	考核期内对企业满意的顾客数量 ÷ 考核期内被调查顾客的数量 ×100%	第三方权威机构
技术问题引起的顾客投诉率	考核期内技术问题引起的顾客投诉次数 ÷ 考核期内的交易次数 ×100%	客户服务部门
技术创新使标准工时降低率	（1- 改进后的标准工时 ÷ 改进前的标准工时）×100%	人力资源部门
技术研发服务满意度	对技术研发服务满意的顾客数量 ÷ 全部被调查顾客的数量 ×100%	人力资源部门

目标	目标定义	目标来源
外部学术交流次数完成率	考核期内实际参与外部学术交流的次数 ÷ 计划参与外部学术交流的次数 ×100%	人力资源部门
内部技术培训完成率	考核期内实际完成内部培训的次数 ÷ 计划完成内部培训的次数 ×100%	人力资源部门
本部门核心员工流失率	考核期内离职的核心员工数量 ÷（考核期内离职的核心员工数量 + 考核期末仍在职的核心员工数量）×100%	人力资源部门
本部门员工流失率	考核期内离职的员工数量 ÷（考核期内离职的员工数量 + 考核期末仍在职的员工数量）×100%	人力资源部门

2.2.7 产品设计部门年度目标

产品设计部门的岗位一般包括产品总监、产品经理、产品专员、设计专员等。

产品设计部门的主要职责包括：实施产品的研发和测试；进行产品的设计和修正；控制产品的成本；保证产品能够量产；保证产品能够满足用户和市场的需求；等等。

产品设计部门年度目标如表 2-7 所示。

表 2-7 产品设计部门年度目标

目标	目标定义	目标来源
产品设计计划完成率	考核期内实际完成的项目数量 ÷ 计划完成的设计项目数量 ×100%	产品设计部门
产品设计方案一次性通过率	考核期内一次性通过的产品设计方案 ÷ 考核期内提交的设计方案总量 ×100%	产品设计部门
设计差错率	考核期内设计出差错的次数 ÷ 考核期内的总设计次数）×100%	产品设计部门
产品设计水平顾客满意度	考核期内对产品设计满意的顾客数量 ÷ 考核期内被调查顾客的数量 ×100%	客户服务部门
准时交货率	考核期内准时交货数量 ÷ 考核期内应交货数量 ×100%	市场营销部门
设计资料归档率	考核期内归档的设计资料数量 ÷ 考核期内应归档的设计资料数量 ×100%	档案室

目标	目标定义	目标来源
本部门培训计划完成率	考核期内实施培训的数量 ÷ 考核期内培训计划中的培训数量 ×100%	人力资源部门
本部门员工流失率	考核期内离职的员工数量 ÷（考核期内离职的员工数量 + 考核期末仍在职的员工数量）×100%	人力资源部门

2.2.8　生产管理部门年度目标

生产管理部门的岗位一般包括生产总监、生产经理、厂长、副厂长、车间主任等。

生产管理部门的主要职责包括：组织实施企业下达的生产经营计划；保质保量地完成生产任务，确保安全文明生产；督导日常生产活动；发现问题后采取有效措施，确保生产线正常运转；协助企业项目和产品研发；建立健全规范的质量管理体系；等等。

生产管理部门年度目标如表 2-8 所示。

表 2-8　生产管理部门年度目标

目标	目标定义	数据来源
生产成本费用率	考核期内的生产成本 ÷ 考核期内的销售收入 ×100%	财务会计部门
生产工艺改进成本降低率	（1- 改进后的生产工艺成本 ÷ 改进前的生产工艺成本）×100%	财务会计部门
生产计划完成率	考核期内实际完成的生产数量 ÷ 考核期内计划完成的生产数量 ×100%	生产管理部门
产品质量合格率	考核期内生产的全部合格产品数量 ÷ 考核期内生产的产品总数量 ×100%	质量管理部门
产品废品率	考核期内生产的废品数量 ÷ 考核期内生产的产品总数量 ×100%	质量管理部门
生产现场违规率	考核期内发现的生产现场违规次数 ÷ 考核期内检查总次数 ×100%	质量管理部门
生产设备利用率	考核期内实际有效利用的生产设备数量 ÷ 考核期内的生产设备总数 ×100%	设备工程部门

目标	目标定义	数据来源
生产设备完好率	考核期内完好的生产设备 ÷ 考核期内生产设备总数 ×100%	设备工程部门
顾客满意度	考核期内对企业满意的顾客数量 ÷ 考核期内被调查顾客的数量 ×100%	第三方权威机构
劳动生产率	考核期内的产值 ÷ 从业人员平均数	人力资源部门
工伤发生率	考核期内发生工伤的人数 ÷ 考核期内从业人员的平均数 ×100%	人力资源部门
员工满意度	考核期内对企业满意的员工数量 ÷ 考核期内被调查员工的数量 ×100%	人力资源部门
本部门培训计划完成率	考核期内实施培训的数量 ÷ 考核期内培训计划中的培训数量 ×100%	人力资源部门
本部门核心员工流失率	考核期内离职的核心员工数量 ÷（考核期内离职的核心员工数量 + 考核期末仍在职的核心员工数量）×100%	人力资源部门
本部门员工流失率	考核期内离职的员工数量 ÷（考核期内离职的员工数量 + 考核期末仍在职的员工数量）×100%	人力资源部门

2.2.9　设备工程部门年度目标

设备工程部门的岗位一般包括设备经理、设备维修员、设备管理员等。

设备工程部门的主要职责包括：负责定期检查企业各类设备；定期保养、维护和管理企业的各类设备；及时修复企业出问题的设备；等等。

设备工程部门年度目标如表 2-9 所示。

表 2-9　设备工程部门年度目标

目标	目标定义	数据来源
万元产值维修费用	考核期内的维修费用总额 ÷ 以万元计的考核期内的总产值 ×100%	财务会计部门
单位产量维修费用	考核期内的维修费用总额 ÷ 考核期内的总产量 ×100%	财务会计部门
外委维修费用率	考核期内委托第三方维修的费用额 ÷ 考核期内维修费用总额 ×100%	财务会计部门

目标	目标定义	数据来源
设备故障停机概率	考核期内因故障停机的小时数 ÷（考核期内正常开机小时数 + 考核期内因故障停机的小时数）× 100%	生产管理部门
设备维修计划完成率	考核期内设备维修完成数量 ÷ 设备维修计划完成数量 × 100%	设备工程部门
设备保养计划完成率	考核期内设备保养完成数量 ÷ 设备保养计划完成数量 × 100%	设备工程部门
设备购置计划完成率	考核期内设备购置完成量 ÷ 设备购置计划完成数量 × 100%	设备工程部门
设备维护保养及时率	考核期内及时完成维护保养的设备数 ÷ 考核期内应维护保养的设备数 × 100%	设备工程部门
设备完好率	考核期内设备完好的设备数 ÷ 考核期内设备总数 × 100%	设备工程部门
设备档案归档率	考核期内归档的设备档案数量 ÷ 考核期内应归档的设备档案数量 × 100%	档案室
本部门培训计划完成率	考核期内实施培训的数量 ÷ 考核期内培训计划中的培训数量 × 100%	人力资源部门
本部门员工流失率	考核期内离职的员工数量 ÷（考核期内离职的员工数量 + 考核期末仍在职的员工数量）× 100%	人力资源部门

2.2.10 质量管理部门年度目标

质量管理部门的岗位一般包括质检经理、质检主管、质检员等。

质量管理部门的主要职责包括：制定并实施产品质量控制方案；协助生产部门实现所管辖产品的质量目标；完成日常质量检验、质量监控及结果上报工作；监控工艺状态，对工艺参数改变对产品的影响进行认定，并论证设定的工艺的合理性；全程监控产品质量；定期评估工艺或控制方案；制定产品质量检验标准、反馈产品信息、统计流程；处理客户反馈，依据反馈改善质量控制方案；总结产品质量问题并推动相关部门及时解决；主持来料检验及出货评审工作；等等。

质量管理部门年度目标如表2-10所示。

表2-10 质量管理部门年度目标

目标	目标定义	数据来源
质量检测工作及时性	考核期内及时完成质检工作次数 ÷ 考核期内应完成质检工作的总次数 ×100%	质量管理部门
产品质量合格率	考核期内生产的全部合格产品数量 ÷ 考核期内生产的产品总数量 ×100%	质量管理部门
产品免检认证通过率	考核期内通过免检认证的产品总数 ÷ 考核期内申请产品免检的总次数 ×100%	质量管理部门
产品质量问题引起的顾客投诉率	考核期内产品质量问题引起的顾客投诉次数 ÷ 考核期内的总交易次数 ×100%	客户服务部门
产品质量投诉率	考核期内客户投诉次数 ÷ 考核期内产品出货总批次数 ×100%	售后服务部门
客户投诉改善率	考核期内客户投诉后改善的件数 ÷ 考核期内客户投诉总件数 ×100%	售后服务部门
本部门培训计划完成率	考核期内实施培训的数量 ÷ 考核期内培训计划中的培训数量 ×100%	人力资源部门
本部门员工流失率	考核期内离职的员工数量 ÷（考核期内离职的员工数量 + 考核期末仍在职的员工数量）×100%	人力资源部门

2.2.11 安环管理部门年度目标

安环管理部门的岗位一般包括安环总监、安环经理、安环科长、安全管理员、安全巡视员等。

安环管理部门的主要职责包括：贯彻、执行国家有关安全生产的方针、政策、法律、法规；对员工进行安全思想教育和安全技术知识教育；组织编制企业安全生产管理制度；审查设备操作规程；组织编制安全技术措施计划；提出安全技术措施方案；组织企业日常安全检查和安全大检查；实施事故隐患整改方案；协助和督促相关部门针对查出的隐患制定整改与防范措施；参与新建、改建、扩建、大修项目及技术措施工程的设计审查；负责安全监督检查工作；等等。

安环管理部门年度目标如表2-11所示。

表 2-11 安环管理部门年度目标

目标	目标定义	数据来源
安全检查工作执行率	考核期内实际执行安全检查工作项目的数量 ÷ 考核期内计划执行安全检查工作项目的数量 ×100%	总经办
设备检查工作执行率	考核期内实际执行设备检查工作项目的数量 ÷ 考核期内计划执行设备检查工作项目的数量 ×100%	总经办
环境检查工作执行率	考核期内实际执行环境检查工作项目的数量 ÷ 考核期内计划执行环境检查工作项目的数量 ×100%	总经办
安环设备检查整改率	考核期内整改问题的数量 ÷ 考核期内实际执行安环设备检查后发现问题的数量 ×100%	总经办
安全宣传教育执行率	考核期内参与安全教育培训的人数 ÷ 考核期内计划参与安全教育培训的人数 ×100%	人力资源部门
安全责任书签订率	考核期内签订安全责任书的人数 ÷ 考核期内企业总人数 ×100%	人力资源部门
一般安全事故发生率	考核期内一般安全事故的发生次数 ÷ 考核期内企业运营天数）×100%	人力资源部门
重大安全事故发生率	考核期内重大安全事故的发生次数 ÷ 考核期内企业运营天数）×100%	人力资源部门
一般环境事故发生率	考核期内一般环境事故的发生次数 ÷ 考核期内企业运营天数）×100%	人力资源部门
重大环境事故发生率	考核期内重大环境事故的发生次数 ÷ 考核期内企业运营天数）×100%	人力资源部门
本部门员工工伤发生率	考核期内发生工伤的人数 ÷ 考核期内员工总人数 ×100%	人力资源部门
本部门员工流失率	考核期内离职的员工数量 ÷（考核期内离职的员工数量 + 考核期末仍在职的员工数量）×100%	人力资源部门

2.2.12 仓储物流部门年度目标

仓储物流部门可以细分成仓储部门和物流部门。

1. 仓储部门

仓储部门的岗位一般包括仓库主管、仓库管理员等。

仓储部门的主要职责包括：指导材料与成品入库、仓储、出库等环节的工作；定期编制产品入库、出库及库存台账，送生产管理部门和财务会计部门；根据企业的生产销售能力，确定原材料及产品的标准库存量；核对货物的入库凭证，清点入库货物，与送货员办理交接手续；安排货物的存放地点，登记保管账和货位编号；按照销售情况调整、控制库存数量，及时配货；及时与生产管理部门和市场营销部门沟通，保证库存供给；等等。

仓储部门年度目标如表 2-12 所示。

表 2-12 仓储部门年度目标

目标	目标定义	数据来源
库存货损率	考核期内库存货损金额 ÷ 考核期内的库存总金额 ×100%	财务会计部门
盘点账实差异率	考核期内盘点出错的品种数 ÷ 考核期内仓库品种平均数 ×100%	财务会计部门
单位库存成本降低率	考核期内单位库存成本降低额 ÷ 考核期内标准单位库存成本 ×100%	财务会计部门
物资入库差错率	考核期内入库差错次数 ÷ 考核期内入库总次数 ×100%	仓储物流部门
物资出库差错率	考核期内出库差错次数 ÷ 考核期内出库总次数 ×100%	仓储物流部门
仓库设备完好率	考核期内完好的仓库设备总数 ÷ 仓库设备总数）×100%	设备工程部门
仓库记录完整率	考核期记录的所有出入库次数 ÷ 考核期内实际发生的入库 ×100%	仓储物流部门
仓库现场管理合格率	考核期内仓库现场管理检查合格次数 ÷ 考核期内仓库现场管理检查总次数 ×100%	质量管理部门
本部门培训计划完成率	考核期内实施培训的数量 ÷ 考核期内培训计划中的培训数量 ×100%	人力资源部门

目标	目标定义	数据来源
本部门员工流失率	考核期内离职的员工数量 ÷（考核期内离职的员工数量 + 考核期末仍在职的员工数量）×100%	人力资源部门

2. 物流部门

物流部门的岗位一般包括物流经理、物流主管、物流专员、物流调度员等。

物流部门的主要职责包括：组织与管理企业物流工作，实现物流顺畅；规划、设计物流方案；保证货物准确及时送达目的地，按质按量供应物资；合理控制物流成本；不断提升客户服务能力；等等。

物流部门年度目标如表 2-13 所示。

表 2-13 物流部门年度目标

目标	目标定义	数据来源
物流货损率	考核期内运输过程中的货损金额 ÷ 考核期内运输货品总金额 ×100%	财务会计部门
单位物流成本降低率	考核期内单位物流成本降低额 ÷ 考核期内标准单位物流成本 ×100%	财务会计部门
运输计划完成率	考核期内实际运输产品数量 ÷ 考核期内计划运输产品数量 ×100%	仓储物流部门
运输计划及时率	考核期内及时运输的产品数量 ÷ 考核期内应运输的产品数量 ×100%	仓储物流部门
物流车辆完好率	考核期内完好的车辆数 ÷ 考核期内总运输车辆数 ×100%	仓储物流部门
物流现场管理合格率	考核期内物流现场管理检查合格次数 ÷ 考核期内物流现场管理检查总次数 ×100%	质量管理部门
本部门培训计划完成率	考核期内实施培训的数量 ÷ 考核期内培训计划中的培训数量 ×100%	人力资源部门
本部门员工流失率	考核期内离职的员工数量 ÷（考核期内离职的员工数量 + 考核期末仍在职的员工数量）×100%	人力资源部门

2.2.13 软件开发部门年度目标

软件开发部门的岗位一般包括互联网产品经理、软件开发员、程序员、编程员等。

软件开发部门的主要职责包括：负责设定和实施企业信息技术建设的总体规划及本部门的工作计划；实施互联网产品规划；进行企业软件的开发、选型和运维；负责编写基础程序，等等。

软件开发部门年度目标如表 2-14 所示。

表 2-14 软件开发部门年度目标

目标	目标定义	数据来源
网络信息费用率	考核期内网络信息费用总额 ÷ 考核期内管理费用额 ×100%	财务会计部门
互联网产品计划完成率	考核期内完成互联网产品项目数 ÷ 考核期内计划完成的互联网产品项目数）×100%	总经办
信息化建设计划达成率	考核期内实际完成项目数量 ÷ 考核期内计划完成项目数量 ×100%	总经办
软件开发计划完成率	考核期内实际完成的软件开发项目数量 ÷ 考核期内计划完成的软件开发项目数量 ×100%	总经办
系统运行完好率	考核期内系统正常运行小时数 ÷ 考核期内系统运行的总小时数 ×100%	行政管理部门
信息技术资产完好率	考核期内信息技术资产盘点数量 ÷ 考核期内账面数量 ×100%	财务会计部门
信息系统故障排除及时率	考核期内及时排除信息系统故障次数 ÷ 考核期内信息系统故障总次数 ×100%	网络信息部门
信息系统维护及时率	考核期内及时维护信息系统次数 ÷ 考核期内计划维护信息系统次数 ×100%	网络信息部门
网站维护及时率	考核期内及时维护网站次数 ÷ 考核期内计划维护网站次数 ×100%	网络信息部门
数据库维护及时率	考核期内及时维护数据库次数 ÷ 考核期内计划维护数据库次数 ×100%	网络信息部门

目标	目标定义	数据来源
网络安全性事故发生频率	考核期内网络安全事故发生次数 ÷ 考核期总天数 ×100%	网络信息部门
软件开发客户满意度（内部客户）	考核期内对软件开发部门满意的内部客户数量 ÷ 考核期内全部被调查的内部客户数量 ×100%	人力资源部门
本部门培训计划完成率	考核期内实施培训的数量 ÷ 考核期内培训计划中的培训数量 ×100%	人力资源部门
本部门核心员工流失率	考核期内离职的核心员工数量 ÷（考核期内离职的核心员工数量 + 考核期末仍在职的核心员工数量）×100%	人力资源部门
本部门员工流失率	考核期内离职的员工数量 ÷（考核期内离职的员工数量 + 考核期末仍在职的员工数量）×100%	人力资源部门

2.2.14 硬件维护部门年度目标

硬件维护部门的岗位一般包括信息部经理、网络管理员、硬件管理员等。

硬件维护部门的主要职责包括：硬件维护；办公耗材管理；成本管控；硬件管理；机房维护；项目硬件评审和验收；等等。

硬件维护部门年度目标如表 2-15 所示。

表 2-15　硬件维护部门年度目标

目标	目标定义	数据来源
维修费用率	考核期内维修费用总额 ÷ 考核期内管理费用总额 ×100%	财务会计部门
硬件资产完好率	考核期内硬件资产盘点数量 ÷ 考核期内账面数量 ×100%	财务会计部门
设备故障排除及时率	考核期内及时排除设备故障次数 ÷ 考核期内设备故障总次数 ×100%	网络信息部门
设备维护保养及时率	考核期内及时维护保养设备次数 ÷ 考核期内计划维护保养设备总次数 ×100%	网络信息部门
设备采购计划完成率	考核期内实际采购数量 ÷ 考核期内计划采购数量 ×100%	网络信息部门

目标	目标定义	数据来源
硬件维护客户满意度（内部客户）	考核期内对硬件维护部门满意的内部客户数量 ÷ 考核期内全部被调查的内部客户数量 ×100%	人力资源部门
本部门培训计划完成率	考核期内实施培训的数量 ÷ 考核期内培训计划中的培训数量 ×100%	人力资源部门
本部门核心员工流失率	考核期内离职的核心员工数量 ÷（考核期内离职的核心员工数量 + 考核期末仍在职的核心员工数量）×100%	人力资源部门
本部门员工流失率	考核期内离职的员工数量 ÷（考核期内离职的员工数量 + 考核期末仍在职的员工数量）×100%	人力资源部门

2.2.15 客户服务部门年度目标

客户服务部门的岗位一般包括客服总监、客服经理、客服主管和客服专员等。

客户服务部门的主要职责包括：帮助客户了解企业的基本信息；定期联系客户；定期回访客户，建立客户回访档案；按照企业要求为客户服务；收集客户的投诉、意见及建议；提出企业运营或管理方面的改进建议；等等。

客户服务部门年度目标如表2-16所示。

表2-16 客户服务部门年度目标

目标	目标定义	数据来源
客服费用率	考核期内实际发生的客服费用额 ÷ 考核期内企业的管理费用总额 ×100%	财务会计部门
客户意见处理及时率	考核期内客户意见得到及时处理的数量 ÷ 考核期内客户意见总数 ×100%	客户服务部门
客户意见反馈及时率	考核期内客户意见得到及时反馈的数量 ÷ 考核期内客户意见总数 ×100%	客户服务部门
客户投诉解决满意度	考核期内客户投诉被解决并使客户感到满意的数量 ÷ 考核期内客户投诉总数量 ×100%	客户服务部门
客户回访率	考核期内实际回访客户数量 ÷ 考核期内应回访客户数量 ×100%	客户服务部门

目标	目标定义	数据来源
大客户走访率	考核期内走访大客户的数量 ÷ 考核期内走访的全部客户数量 ×100%	客户服务部门
大客户流失率	考核期内流失的大客户数量 ÷ 考核期初的大客户数量 ×100%	市场营销部门
顾客满意度	考核期内对企业满意的顾客数量 ÷ 考核期内被调查顾客的数量 ×100%	第三方权威机构
内部协作满意度（内部客户）	考核期内对客户服务部门满意的内部客户数量 ÷ 考核期内被调查的内部客户数量 ×100%	人力资源部门
本部门培训计划完成率	考核期内实施培训的数量 ÷ 考核期内培训计划中的培训数量 ×100%	人力资源部门
本部门核心员工流失率	考核期内离职的核心员工数量 ÷（考核期内离职的核心员工数量 + 考核期末仍在职的核心员工数量）×100%	人力资源部门
本部门员工流失率	考核期内离职的员工数量 ÷（考核期内离职的员工数量 + 考核期末仍在职的员工数量）×100%	人力资源部门

2.2.16　人力资源部门年度目标

人力资源部门岗位一般包括招聘专员、培训专员、薪酬专员、绩效专员、员工关系专员等。

人力资源部门的主要职责包括：规划、指导、协调企业的人力资源管理与组织建设；最大限度地开发人力资源；促进企业经营目标的实现；协助制定、组织实施企业人力资源战略；为实现企业经营发展战略目标提供人力保障；执行人力资源日常性事务工作；等等。

人力资源部门年度目标如表2-17所示。

表2-17　人力资源部门年度目标

目标	目标定义	数据来源
人力费用率	考核期内人力费用总额 ÷ 考核期内销售收入 ×100%	财务会计部门

目标	目标定义	数据来源
人力资源管理费用率	考核期内人力资源管理费用总额 ÷ 考核期内管理费用总额 ×100%	财务会计部门
薪酬福利奖金差错率	考核期内薪酬福利计算出现差错的次数 ÷ 考核期内全部薪酬福利计算次数 ×100%	审计法务部门
人力资源计划完成率	考核期内完成的人力资源计划数量 ÷ 考核期内计划完成的人力资源计划数量 ×100%	人力资源部门
招聘满足率	考核期内实际招聘人数 ÷ 考核期内计划招聘人数 ×100%	人力资源部门
培训计划完成率	考核期内实际实施培训的数量 ÷ 考核期内培训计划中的培训数量 ×100%	人力资源部门
绩效考核计划完成率	考核期内完成绩效考核项目的数量 ÷ 考核期内绩效考核项目总数量 ×100%	人力资源部门
员工任职资格达标率	考核期内任职资格达标的员工数量 ÷ 考核期内全体员工数量 ×100%	人力资源部门
员工投诉解决及时性	考核期内及时解决员工投诉的次数 ÷ 考核期内员工投诉的总次数 ×100%	人力资源部门
劳动争议解决及时性	考核期内及时解决劳动争议的次数 ÷ 考核期内劳动争议的总次数 ×100%	人力资源部门
人力资源满意度（内部客户）	考核期内对人力资源部门满意的内部客户数量 ÷ 考核期内被调查的内部客户数量 ×100%	人力资源部门
核心员工流失率	考核期内离职的核心员工数量 ÷（考核期内离职的核心员工数量 + 考核期末仍在职的核心员工数量）×100%	人力资源部门
员工流失率	考核期内离职的员工数量 ÷（考核期内离职的员工数量 + 考核期末仍在职的员工数量）×100%	人力资源部门
员工敬业度	考核期内敬业度达标的员工数量 ÷ 考核期内员工总数量 ×100%	人力资源部门
员工满意度	考核期内对企业满意的员工数量 ÷ 考核期内被调查员工的数量 ×100%	人力资源部门
人力资源文件归档率	考核期内归档的人力资源文件数量 ÷ 考核期内应归档的人力资源文件数量 ×100%	档案室

2.2.17　财务会计部门年度目标

财务会计部门的主要职责包括：企业财务预决算、财务核算、会计监督和财务管理工作；组织、协调、指导、监督财务会计部门日常管理工作，执行财务计划，完成企业财务目标；建立与完善全面预算计划并协助执行控制计划，完成预算目标；制订全面成本控制计划，向管理层提供成本信息和改进意见；分析、研究会计数据，准备财务报告，向管理层提供财务信息；办理与税务相关的各种业务，确保企业税务目标的实现；做好货币资金、应收/应付票据、税款的收付及记账、结账工作；等等。

财务会计部门年度目标如表 2-18 所示。

表 2-18　财务会计部门年度目标

目标	目标定义	数据来源
财务费用率	考核期内财务费用总额 ÷ 考核期内销售收入 ×100%	第三方审计报告
现金流完成率	考核期末现金流 ÷ 考核期内目标现金流 ×100%	第三方审计报告
财务报告差错率	考核期内财务报告出现差错的份数 ÷ 考核期内财务报告总份数 ×100%	审计法务部门
现金收支准确性	考核期内现金收支出现差错的次数 ÷ 考核期内现金收支总次数 ×100%	审计法务部门
资金收支准确性	考核期内资金收支出现差错的次数 ÷ 考核期内资金收支总次数 ×100%	审计法务部门
账务报告及时性	考核期内及时提交财务报告的次数 ÷ 考核期内应提交财务报告的总次数 ×100%	总经办
财务资料归档率	考核期内归档的财务资料数量 ÷ 考核期内应归档的财务资料数量 ×100%	行政管理部门
本部门培训计划完成率	考核期内实施培训的数量 ÷ 考核期内培训计划中的培训数量 ×100%	人力资源部门
本部门核心员工流失率	考核期内离职的核心员工数量 ÷（考核期内离职的核心员工数量 + 考核期末仍在职的核心员工数量）×100%	人力资源部门

目标	目标定义	数据来源
本部门员工流失率	考核期内离职的员工数量 ÷（考核期内离职的员工数量 + 考核期末仍在职的员工数量）×100%	人力资源部门

2.2.18 投资融资部门年度目标

投资融资部门的岗位按照职责可以划分为资金、投资、融资等类别。

投资融资部门的主要职责包括：编制企业资金预算、筹集、流动计划，核实资金使用情况，向管理层提供信息；设计、评估投资项目、投资方案，拟订实施计划和行动方案，向管理层提出建议；协调、拓展融资渠道，设计实施融资方案，完成融资计划、融资目标；等等。

投资融资部门年度目标如表 2-19 所示。

表 2-19 投资融资部门年度目标

目标	目标定义	数据来源
融资成本率	考核期内实际融资成本 ÷ 考核期内融资额 ×100%	第三方审计报告
融资计划完成率	考核期内完成融资计划的项目数量 ÷ 考核期内融资计划项目总数量 ×100%	财务会计部门
投资计划完成率	考核期内完成投资计划的项目数量 ÷ 考核期内投资计划项目总数量 ×100%	财务会计部门
资金使用目标完成率	考核期内完成资金使用目标的项目数量 ÷ 资金使用目标计划项目总数量 ×100%	财务会计部门
投资融资资料归档率	考核期内归档的投资融资资料数量 ÷ 考核期内应归档的投资融资资料数量 ×100%	档案室
本部门培训计划完成率	考核期内实施培训的数量 ÷ 考核期内培训计划中的培训数量 ×100%	人力资源部门
本部门核心员工流失率	考核期内离职的核心员工数量 ÷（考核期内离职的核心员工数量 + 考核期末仍在职的核心员工数量）×100%	人力资源部门
本部门员工流失率	考核期内离职的员工数量 ÷（考核期内离职的员工数量 + 考核期末仍在职的员工数量）×100%	人力资源部门

2.2.19 审计法务部门年度目标

审计法务部门通常分成审计部门和法务部门。

1.审计部门

审计部门的岗位一般包括审计经理、审计主管、审计专员等。

审计部门的主要职责包括：制订并实施审计计划；开展并完成企业各项经营、财务审计及专项审计；形成各类审计报告；监督、检查企业制度的落实情况。

审计部门年度目标如表2-20所示。

表2-20 审计部门年度目标

目标	目标定义	数据来源
审计报告完成率	考核期内完成的审计报告项目数 ÷ 考核期内计划完成的审计报告项目数 ×100%	总经办
审计报告及时率	考核期内按期完成的审计报告数量 ÷ 考核期内应按期完成的审计报告数量 ×100%	总经办
监督工作执行率	考核期内完成的监督项目数 ÷ 考核期内应完成的监督项目数 ×100%	总经办
审计资料归档率	考核期内归档的审计资料数量 ÷ 考核期内应归档的审计资料数量 ×100%	档案室
本部门培训计划完成率	考核期内实施培训的数量 ÷ 考核期内培训计划中的培训数量 ×100%	人力资源部门
本部门核心员工流失率	考核期内离职的核心员工数量 ÷（考核期内离职的核心员工数量 + 考核期末仍在职的核心员工数量）×100%	人力资源部门
本部门员工流失率	考核期内离职的员工数量 ÷（考核期内离职的员工数量 + 考核期末仍在职的员工数量）×100%	人力资源部门

2.法务部门

法务部门的岗位一般包括法律事务经理、法律事务主管、法律事务专员、法律顾问、企业律师等。

法务部门的主要职责包括：指导和管理企业法务实践；处理企业法律问题；

维护企业法律权力和利益；为企业人员提供法律咨询和指导；确保企业各运营环节、相关部门人员依法办事；等等。

法务部门年度目标如表 2-21 所示。

表 2-21　法务部门年度目标

目标	目标定义	数据来源
合同审核及时率	考核期内按期完成的合同审核数量 ÷ 考核期内应按期完成的合同审核数量 ×100%	总经办
法务咨询及时率	考核期内按期完成的法务咨询数量 ÷ 考核期内应按期完成的法务咨询数量 ×100%	总经办
合同审核质量合格率	考核期内审核合格的合同数量 ÷ 考核期内审核的合同数量 ×100%	总经办
应诉案件处理率	考核期内处理的应诉案件 ÷ 考核期内应诉案件总数 ×100%	总经办
应诉案件成功率	考核期内应诉成功的案件数量 ÷ 考核期内应诉案件总数 ×100%	总经办
维权行动及时率	考核期内按期维权的案件数量 ÷ 考核期内应当维权的案件数量 ×100%	总经办
维权结果成功率	考核期内维权成功的案件数量 ÷ 考核期内应当维权的案件总数 ×100%	总经办
内部协作满意度（内部客户）	考核期内对法务部门满意的内部客户数量 ÷ 考核期内被调查的内部客户数量 ×100%	人力资源部门
法务档案归档率	考核期内归档的法务档案数量 ÷ 考核期内应归档的法务档案数量 ×100%	档案室
本部门培训计划完成率	考核期内实施培训的数量 ÷ 考核期内培训计划中的培训数量 ×100%	人力资源部门
本部门核心员工流失率	考核期内离职的核心员工数量 ÷（考核期内离职的核心员工数量 + 考核期末仍在职的核心员工数量）×100%	人力资源部门
本部门员工流失率	考核期内离职的员工数量 ÷（考核期内离职的员工数量 + 考核期末仍在职的员工数量）×100%	人力资源部门

2.2.20 行政管理部门年度目标

行政管理部门的岗位一般包括行政经理、行政主管、行政文员、行政助理等。

行政管理部门的主要职责包括：负责规划、指导、协调企业行政服务工作；组织企业各类会议；提供与员工衣食住行相关的各类保障；等等。

行政管理部门年度目标如表 2-22 所示。

表 2-22　行政管理部门年度目标

目标	目标定义	数据来源
行政费用率	考核期内发生的行政费用额 ÷ 考核期内企业的管理费用总额 ×100%	财务会计部门
办公用品费用率	考核期内办公用品费用额 ÷ 考核期内发生的行政费用额 ×100%	财务会计部门
行政工作计划完成率	考核期内完成的行政工作项目数量 ÷ 行政工作计划应完成的项目总数量 ×100%	行政管理部门
行政工作流程执行率	考核期内行政工作流程有效执行的次数 ÷ 考核期内行政工作流程执行检查次数 ×100%	行政管理部门
行政办公设备完好率	考核期内完好的行政办公设备数量 ÷ 考核期内行政办公设备总数量 ×100%	行政管理部门
员工满意度	考核期内对企业满意的员工数量 ÷ 考核期内被调查员工的数量 ×100%	人力资源部门
车辆调度投诉频率	考核期内因车辆调度问题被投诉的次数 ÷ 考核期的总天数	人力资源部门
行政工作满意度（内部客户）	考核期内对行政部门满意的内部客户数量 ÷ 考核期内被调查的内部客户数量 ×100%	人力资源部门
本部门培训计划完成率	考核期内实施培训的数量 ÷ 考核期内培训计划中的培训数量 ×100%	人力资源部门
本部门员工流失率	考核期内离职的员工数量 ÷（考核期内离职的员工数量 + 考核期末仍在职的员工数量）×100%	人力资源部门

【实战案例】某 A 股上市公司年度经营计划

J 公司是 A 股上市公司，年营业额近 200 亿元，截至 2023 年年初，其拥有直营连锁门店 900 多家，门店覆盖山东、北京、河北、内蒙古、安徽、江苏等地。以下为 J 公司某年度的工作目标和经营计划的节选内容。

今年工作总的要求是：坚持"稳中求进、好中求快"的发展基调，加快思想观念和增长方式的转变，努力在网络建设、业态建设和品类升级上求突破，在供应链管理、成本控制、顾客管理上抓提升，推动公司各项事业持续健康发展。总体目标是销售额增长 20%、利润增长 22%、资金周转和库存周转缩短 5 天。为完成上述目标，要重点做好以下几个方面的工作。

1. 始终坚持发展第一要务不动摇

公司发展面临的各种挑战和压力，只能通过加快发展来化解；增强核心竞争力，必须通过加快发展来实现。随着公司规模的不断扩大，我们要尽快转变发展方式，既注重外延扩张，也注重内涵优化，努力实现规模速度与质量效益的同步提升。

（1）网络建设要坚持社区和农村同步抓。

网络是支撑快速发展的基础，"区域密集、城乡一体、多业态发展"是经过实践检验的重要发展战略，这个战略符合国家宏观形势、符合实际、符合未来发展要求，要加快实施这一战略，进一步夯实发展基础。

在社区店建设上，要突出两个"近"：离消费者近，打造 5 分钟步行商圈；离居民生活近，打造家庭厨房，为家庭生活提供解决方案。要发扬钉钉子精神，提高现有商圈密度，增强社区店的渗透能力，更好地满足消费者对便利性的需求。

在农村店建设上，要为未来全省每个乡镇都有连锁店打好基础，保持一定的拓展速度。要发挥现有区域优势，积极向周边乡镇拓展，扩大网络辐射范围，强化城乡一体的格局。

今年各区域都要把选址开店作为重点，每个区域新开店不能少于 5 家。要进一步加快往西部区域拓展的速度，制定新区域拓展的规划，加大选址、调研和评估力度。今年要至少拓展 3 个地级市、10 个县级市，确保新开门店 100 家以上，进一步扩大全省覆盖的范围，增强竞争优势和品牌影响力。

（2）业态建设要坚持线上和线下同步抓。

随着电子商务发展的提速，消费者的购物观念正在急速转变，迫切需要我们在发挥既有网络优势的基础上，进一步探索新型业态，搭建新型平台，拓展与消费者沟通交流的新渠道。今年，我们将保证所有店实现网上购物、线下配送。

我们既要一如既往地巩固和拓展线下市场，又要通过形成线上线下的有效互动，为下一步的线上线下融合发展探索路径、积累经验。信息部门要从注重技术向构建平台转变，采用自主研发与联合开发相结合的方式，提供强有力的技术支持，同时做好动态分析，提升管理决策能力。

（3）品类升级要坚持品质和品牌同步抓。

品类升级是保持公司经营活力的重要保证。要围绕增强可比店的内生增长能力，在建立和实施营运标准的基础上，对旧店开展全面评估，按消费者评价分不同层级进行长短期改造，实行店铺形象的标准化、对外形象的统一化，重点抓好商品的品质和品牌。

要把品质作为任何情况下都不能突破的底线，严格执行商品准入制度，抓好过程控制。特别是要加强门店在架商品的检查和跟踪，坚决下架临期商品，宁可牺牲公司利益，也要确保商品安全可靠。

要按照"工业产品品牌化、农副产品基地化、地方商品特色化"的要求，抓好品牌商品的引进和陈列，保证门店畅销品牌和有影响力的品牌商品充足，陈列突出；要培养强势品类，形成比对手品种更全、性价比更高、特色商品更多的优势；要抓好上游产业的延伸，抓好节俭控制，要跟踪管理全过程。

每一个店必须有自己的强势品类，各店强势品类无论是在价格、质量还是品类上都要优于竞争对手。生鲜是公司要打造的重点优势品类之一，无论是在生食方面、熟食方面还是在加工食品方面，都要做到最优、最强。

要关注弱势品类，做到及时调整、坚决淘汰。今年上半年要淘汰 3 000 个品种，进一步优化商品结构。要按照业态分级，落实门店的营运标准、服务标准、操作流程标准、环境卫生标准，做到业态清晰、标准统一、操作规范、形象一致，提升门店的档次和形象，提升单店的盈利能力。

2.始终咬定科学管理不放松

伟大的公司来自强大的管理，优秀的品牌来自精细的管理。靠机会成长、靠投资增长的时代已经过去，要保住消费者心目中永远信赖、不可替代的品牌形象，必须加强科学管理。

（1）供应链管理要抓好延伸优化。

要从战略的高度，优化供应链体系，把握好每个环节，控制好关键节点，最大限度地降低成本。

要加强物流的整体规划，与国际国内物流专家合作，按照专业化和细分化的要求，加快调整现有物流配送功能，优化改造流程，提高配送及时率，降低配送差错率，减少物流成本。

要加强供应商的管理，建立更加科学的分级管理体系，定期进行分类调整，由面对面合作到背靠背依靠，重点加强与战略供应商的深度合作，争取与更多战略供应商建立合作关系，争取到更优的合作条件和更大的支持，巩固并扩大成本优势和竞争优势。

要加大基地建设的力度，对优势商品、主要产区、上市早晚、种养大户进行详细的调查，加大基地采购、产区采购、大户采购的力度，基地采购比例要在85%以上，加强价格优势、质量优势、品种优势和早上市优势。

（2）成本控制要抓好预算评估和核算。

要加强新店评估与考核，认真做好开店前的预算、跟踪、评估工作，降低开店成本。今年与去年相比，采购成本要降低0.5%，开店成本要降低10%，费用率要降低1.5%，损耗率要降低0.3%。

要转变财务职能，建立基于业务战略的财务战略体系，强化财务数据的准确性，增强核算和分析能力，加强对预算的跟踪和分析，对比并分析实际经营与目标计划的差异，为业务部门提供准确的依据，以便及时进行有效调整。

要加强资金管理，合理使用资金，提高调拨频率，减少调拨数量，减少资金占用，最大限度发挥资金效率。今年与去年相比，资金周转要整体缩短5天，大卖场资金周转缩短6天，综合超市资金周转要缩短4天。库存管理是我们的薄弱环节，今年库存周转也要加快5天。

（3）消费者管理要抓好快速反应机制。

以消费者为中心，利用会员管理，建立消费者评价体系，加强消费者满意度调查，认真剖析和查找存在的问题，不断加以改进。

要利用第三方公司，加强对消费者的分析研究，变店长接待日为店长访谈日，与消费者进行主动沟通、互动，第一时间回应消费者提出的意见和建议，给消费者以尊重，赢得消费者的信任。

任何人不得以维护公司利益的名义损害消费者利益，一旦发现某人有损害消费者利益的行为，坚决给予处理。

要强化服务管理，既要培养员工具有良好的服务意识，也要培养员工有良好的服务技能，把服务与员工的利益挂钩，形成员工与消费者相互尊重的良好循环。

3.始终坚持人才强企不改变

资产是推动公司发展的持续动力，人才是推动公司发展的根本动力。要坚持以人为本，把员工的成长作为公司一件大事来抓，让员工树立良好的职业道德观念。

（1）强化基层人才选拔。

建立开放透明的人才选拔机制，抓好基层人才的选拔，公平严格、一视同仁，为有激情、有能力、善创新、敢拼搏的优秀人才搭建施展才华的平台。今年确保从基层选拔500名后备干部和业务骨干，使更多的基层人员走上管理岗位。

（2）完善人才培养与引进。

建立良好的人才成长机制，打通人才成长通道，完善人才成长体系，定期对人才进行跟踪评价，保证员工有良好的成长环境。加强员工培训，全面提高员工的素质。今年骨干培训要达到3 500人，职工培训超过10 000人次。

公司将把人才培养列为干部考核的目标依据，每个干部都要把培养部下作为第一任务，努力在一线挖掘更多的优秀人才，让更多的优秀人才在一线快速成长。要用全球的视野、全球的平台，招揽全球的优秀人才，提升公司管理水平，带动优秀人才的成长。

（3）完善薪酬体系。

建立与业绩更加紧密的分配机制，把个人能力与岗位要求相匹配，把个人收益与实际贡献相结合，每季度进行一次标杆评比，设立标杆工资，与晋升、加薪直接挂钩，营造争标杆、学标杆、追标杆的氛围。

（4）把关爱员工落到实处。

广泛征集员工的意见和建议，从解决员工最关心的问题入手，对劳动时间、劳动强度、员工收入等进行详细评估，切实解决存在的问题。今年上半年将为600多名员工提供一次到国外学习的机会，以增长知识、开阔视野，增强员工的认同感和归属感，营造和谐的公司氛围。

【工具模板】目标责任书

××公司20××年目标责任书

姓名		所在部门	
身份证号		当前职务	

一、目的

明确工作目标、工作责任，确保工作目标能够按期完成。

二、责任期限

　年　月　日至　年　月　日。

三、责任人的权利和义务

责任人具备履行职责相对应的权利，负责所分管部门的一切日常事务，要求保质保量地完成公司规定的相应目标和工作。

四、考核目标

序号	目标	目标值	占比
1			
2			
3			
4			
5			

五、辅助考核项

序号	目标	目标值	占比
1			
2			
3			
4			
5			

六、一票否决项

有以下行为之一的责任人，取消本年奖金，并视情节轻重追究责任。

1. 有不廉洁行为。

2. 所管辖区域发生重大生产安全事故、发生重大环境事故。

3. 受到重大刑事、民事、行政等处罚，造成公司财产或名誉严重损失。

七、责任人薪酬

1. 薪酬构成：责任人年薪由基础工资、年终绩效考核奖金构成。

2. 年薪执行说明：绩效考核奖金的来源为公司超额利润的20%，奖金分配将参考年度绩效考核的得分。

八、附则

1. 本责任书的实施依据为《××公司20××年绩效考核方案》和《××公司20××年绩效考核实施文件和细则》。

2. 责任人在工作期内若出现重大失职，则公司有权对责任人提出终止聘用合同。

3. 公司在生产经营环境发生重大变化或发生其他情况时，有权修改本责任书。

4. 本责任书未尽事宜由公司另行研究并确定解决方法。

责任人承诺：本人已明确绩效目标和薪酬待遇，接受责任书中的相关约定，并会带领团队努力达成目标。

考核人签字：　　　　　　　　责任人签字：

　年　月　日　　　　　　　　　年　月　日

第3章

实施全面预算管理前的准备工作

彼得·德鲁克说过："预算不是一场数字游戏，而是围绕战略目标的设立而进行思考的一个过程。"全面预算通过合理分配企业的人、财、物等战略资源，协助企业实现既定的战略目标，并与绩效管理相配合，以监控战略目标的完成进度、控制成本费用支出，预测资金需求。

3.1　完成全面预算管理的准备工作

实施全面预算管理是落实企业整体战略发展目标和年度经营计划的手段，通过预算来控制成本、分配资源，衡量和监控企业各部门之间的经营绩效，达到实现企业利益最大化的目的。实施全面预算管理相当于在企业战略和经营绩效之间搭桥建梁，全面预算管理就是全方位、全过程和全员参与的管理过程。

3.1.1　战略、经营计划与预算的关系

战略、经营计划与预算之间到底是什么关系？为什么有了战略还需要经营计划？有了经营计划为什么还需要预算？这三者之间的关系可以用图 3-1 清晰地说明。

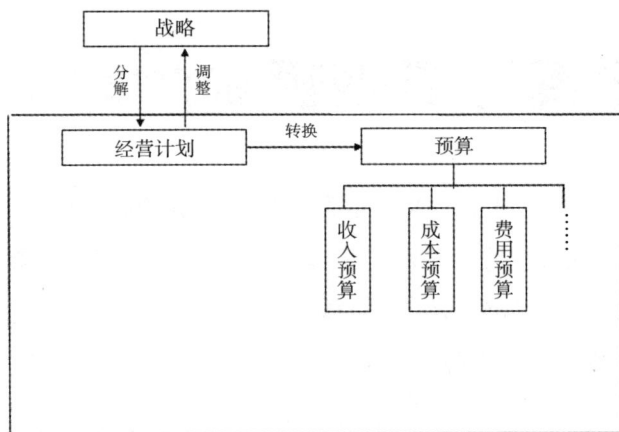

图 3-1　战略、经营计划与预算之间的关系

为了更好地解释三者之间的关系，举个例子。假设你是白手起家的创业者，打算开一家刀具公司，现在你面临的问题是，怎么经营公司，怎么能够赚到钱？既然要开刀具公司，你首先要了解刀具市场。

经过调查，你收集到了以下信息。

（1）需求方面：菜刀、水果刀等各种刀具是家家户户必备的厨房用品。

（2）利润方面：你从多家刀具店了解到，刀具的毛利率比较可观，一般开店 4 个月左右就可以收回成本。

（3）产品方面：各种刀具店提供的刀具几乎都是一样的，融入新元素的刀具几乎没有。

通过分析，你决定用 5 年的时间发展起一家主要经营手绘系列刀具产品的公司，这就是公司战略。你可以进一步量化战略目标，比如将公司的营业收入设定在 1 000 万元以上。

先明确公司战略，在实际经营过程中，再将战略分解，变成一个个可执行的计划。首先要做的就是选择公司位置，其次要构建销售渠道，并争取在第一年内开两家门店，实现单店的营业额突破 100 万元，这就是经营计划。接着，还可以将经营计划进一步分解，例如明确要实现目标各种手绘刀具产品必须带来多少收入，每个月的销售量是多少，每种刀具的毛利率分别是多少；等等。

现在有了经营计划和行动方案，你就要开始预测这些行动会带来多少收入和利润，这就是预算。根据经营目标将预算转变成每个门店分月份、分种类的收入预算，以及实现这些收入所需要的成本预算和费用预算；同时还包括装修门店、购买设备需要的资金预算；根据每月的资金流向判断是否有足够的资金支持，是否需要贷款，这是筹资预算。

经过上述的例子描述，不难发现战略就是企业的总目标，战略可分解为各年度目标，而计划就是为实现年度经营目标而制订的。有计划以后，就要预测计划所需要的预算。因此，对战略而言，计划起到了承上启下的作用。我们按预算为经营计划配置具体的资源，并分析其能够带来的经营结果。

3.1.2 全面预算的编制如何展开

全面预算的编制是一个系统工程，需要各部门共同参与和配合。在编制预算前，首先需要确定各预算指标的相关原则，而年度目标对于编制各项预算有很强的指导作用。全面预算的编制主要有三种流程。

1. 自上而下的全面预算编制流程

标准化程度非常高的企业，特别适合采用自上而下的全面预算编制流程，也就是由高层根据战略目标与内外部经济环境综合而得的预算目标，层层向下分解。各部门获悉高层下达的预算目标后确定目标可实现的程度，如果不能够提供调整预算的充分理由，预算基本不予以调整。各部门根据下达的计划和预算执行。自上而下的全面预算编制流程可参考图 3-2。

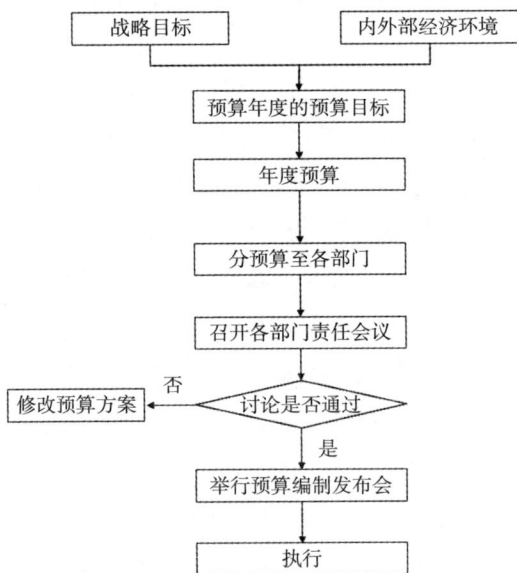

图 3-2　自上而下的全面预算编制流程

这种在战略指导下编制出来的自上而下的全面预算，预算的内容不但完全符合高层意志，而且编制的速度快，各部门响应快。不过，其缺点也相当明显，由于在整个预算编制过程中基层没有话语权，所以基层对预算的理解可能出现偏差，导致执行差、积极性不高，预算流于形式。经营灵活、创新性较强、多元化经营的公司并不适合使用自上而下的全面预算编制流程。

2. 自下而上的全面预算编制流程

自下而上的全面预算编制流程与自上而下的全面预算编制流程的方向正好相反。各部门先根据自身的情况编制自己部门的预算，然后逐级上报，最后由管理层进行汇总。虽然预算由上级审批，但是由于基层在编制时，主要基于自身已有条件，所以往往缺乏整体性，且很难体现顶层的规划。自下而上的全面预算编制流程可参考图 3-3。

```
        ┌─────────────┐
        │ 各部门编制预算 │
        └──────┬──────┘
               │
               ▼
           ◇─────────◇      否    ┌──────────┐
           │ 审核是否通过 │ ────────→│ 修改/调整 │
           ◇─────────◇           └──────────┘
               │ 是                     ▲
               ▼                        │
           ◇─────────◇      否          │
           │ 预算方案   │ ───────────────┘
           │ 是否通过   │
           ◇─────────◇
               │ 是
               ▼
        ┌─────────────┐
        │  上报管理层   │
        └─────────────┘
```

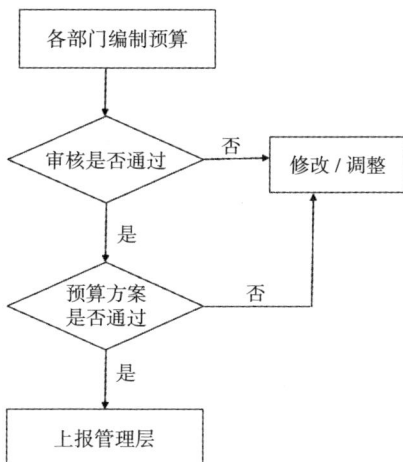

图 3-3　自下而上的全面预算编制流程

自下而上编制的全面预算，更多体现基层的意愿。由于各部门直接参与编制，各部门的完成度大多很高，准确度也较高。然而，大多数部门难以从整体看问题，这种预算编制流程并不适合产品标准化和生产流程规范的企业。

3. 自上而下与自下而上结合的全面预算编制流程

自上而下与自下而上结合的全面预算编制流程是指不断地自上而下传递总体目标的要求，自下而上进行信息统计和数据调整，以及来回不断地讨论和反复地审批而形成最终全面预算的方法。相对于自上而下或自下而上的全面预算编制流程，这一流程不但避免了前两种流程的缺点，还将前两种流程的优点融合在一起。这种全面预算编制流程的问题是效率低，耗时长，如果控制不好，也可能会出现长时间的扯皮现象，让预算迟迟无法出台。这种全面预算编制流程可参考图 3-4。

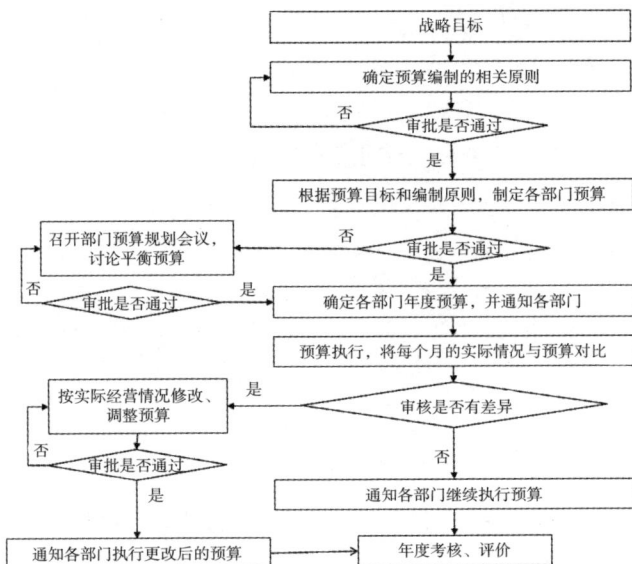

图3-4　自上而下与自下而上结合的全面预算编制流程

3.1.3　如何设计全面预算管理流程

全面预算管理流程如下。

1. 预算目标

"不打无准备之仗"，无论做什么事，都需要设立一定的目标，这样人才有干劲，企业经营亦如此。没有发展目标的企业，员工犹如一盘散沙，凝聚不到一起。全面预算管理的首要任务就是由预算管理委员会按照企业的发展战略和经营现状，制定企业预算管理的总体目标。

2. 预算编制

预算编制就是确定预算收支计划的过程。预算编制要秉承"量入为出"和"实事求是"的原则，预算编制实质上是企业自上而下下达目标和自下而上确认目标的一个动态调整过程。

3. 预算执行

预算执行就是按照已制定好的预算管理方案来经营企业。预算执行要确保"三个结合"。

（1）与现金收支管理相结合。预算管理应当以成本预算为基础，同时还要以现金流量控制为核心，这样才能降低企业的财务风险。

（2）与目标管理相结合。利润是企业预算管理的中心目标，所以企业要从实际情况出发，抓住影响企业经济效益的关键因素。

（3）与企业经营者和员工的经济利益相结合。全面预算管理应该是一项全员参与的活动，能调动各方的积极性和主动性。

4. 预算调整

全面预算管理是一个动态的调整过程，由于市场变幻莫测，全面预算管理难免会受市场状况或相关法规政策的影响。一旦外部情况发生某些不可预测的变化，企业就需要对已有的全面预算进行调整。进行预算调整时，企业应尽可能向自身的战略目标和预算管理的总目标靠拢。

5. 预算考核

进行预算考核，一方面可以激励员工，把已完成的绩效与预算目标进行对比，将其作为业绩考核的参照物；另一方面可以通过考核起到控制的作用，如将企业的实际经营成果与预期进行对比，根据两者的差异制定业绩考核的指标，并以此为标杆确保预算目标的实现。

全面预算管理流程的设计，明确了企业实施全面预算管理的先后顺序，有助于全面预算管理的推进，确保全面预算管理真正发挥作用。

3.1.4 如何对全面预算管理进行静态分析

静态分析涉及全面预算管理各个环节的功能及任务。只有把全面预算管理的静态分析做到位，进行全面预算管理的动态分析才会有一个好的基础。

全面预算管理的静态分析基于预算管理体系。首先，要建立责任网络，从预算管理委员会到预算工作组、预算编制执行部门的维度来建立。预算责任网络的构建，是预算管理精细化的基础，也是全员预算管理的体现，有助于有效地调配各种资源，最大限度地发挥预算管理的作用。

其次，要建立预算管理制度与管理流程。预算管理制度是全面预算管理的保障和依据，预算管理流程则是全面预算管理执行的标准。预算管理制度涉及企业各个部门，明确了每个部门的目标和执行要求。预算管理流程则要求各预算部门按照流程执行预算，不能为了完成预算而忽略流程。规范的预算管理制度和流程、清晰的职责分工，让预算管理越来越规范化，并且有助于将企业的核心业务贯穿于预算管理的全过程。各个预算板块的功能与任务如表 3-1 所示。

表 3-1　各个预算板块的功能与任务

板块	功能	任务
预算编制	将企业股东以及市场的压力传递给各个层级，并且将企业的战略目标具体化	设置预算编制的程序和方法，将预算指标分解、细化
预算执行	完成各项预算指标	根据预算指标，开展具体的业务活动
预算控制	将预算目标作为标准，监控预算的执行	通过各种控制手段和措施控制预算的执行过程
预算调整	在必要的情况下，对预算目标进行调整	设计预算调整的程序和方法
预算分析	确定、分析预算目标与实际执行结果之间的差异	分析差异产生的原因，并落实到相关责任人，设计预算预警的相关标准
考核奖惩	确保各预算执行部门有足够的动力与压力	设计预算时，需增加考核体系以及奖惩机制

最后建立考核体系，对相关责任人进行奖惩，公开考核依据及结果。同时搭建预算管理信息平台，结合企业的行业特点和实际情况，将信息平台与业务融合，时刻关注行业的变化和企业经营情况的变化，这有助于企业动态监控预算管理的执行情况。

3.1.5　如何对全面预算管理进行动态分析

所谓动态就是每时每刻、随时随地都在发生变化，动态分析是在静态分析的基础上进行的，动态分析是静态分析的延伸和发展。全面预算管理的动态分析就是要定期反映，一旦企业的经营业务发生变化，预算就应该随之改变。全面预算管理的动态分析借助信息技术，将预算编制、执行、调整和考核集中在一个信息平台上，实现预算的实时管理。

全面预算管理动态分析支持将滚动预测和预算目标相结合。动态分析的价值在于对历史数据的深层挖掘，预测发展的规律和趋势，提高预算管理的可信度。

在全面预算编制的过程中，各利益主体都站在自己的立场编制预算方案以获取资源，但由于预算执行部门和预算管理者之间的信息不对称，所以预算方案的编制莫衷一是，而在动态预算分析下，通过对预算的历史方案和执行情况进行深入分析可以判断本期预算的准确性与真实性，避免在协调工作上耗费大量精力。

案例

某企业为了完成战略目标，需要执行一个金额巨大的投资方案。财务会计部门认为该投资会影响企业的财务资金安全，但又无法量化影响的严重性，于是该企业制定了一个预算管理的动态分析模型，针对模型形成了四种不同的预算方案以应对不同的预算情况。

第一种方案：产品的销量和单价都高于预算金额，利润低于预算金额。

第二种方案：产品的销量、单价低于预算金额，利润也低于预算金额。

第三种方案：产品的销量、单价高于预算金额，利润也高于预算金额。

第四种方案：产品的销量、单价低于预算金额，利润高于预算金额。

四种方案都是用来应对不同经济状况的预算的，多样化的预算更能适应多变的经济环境。

全面预算管理的动态分析，有助于时刻监控企业实际经营情况与预算目标之间的差异，为企业的预算管理增加一份保障。

3.2 确定预算管理模式

企业面向的是市场，但市场时刻都在变化。面对变化无常、复杂的市场，企业需要制定不同的应对方案，自然也就形成了不同的预算管理模式。各种预算管理模式之间并没有明显的界限之分，在日常的生产经营中，企业通常将各种预算管理模式结合使用。预算管理模式如图3-5所示。

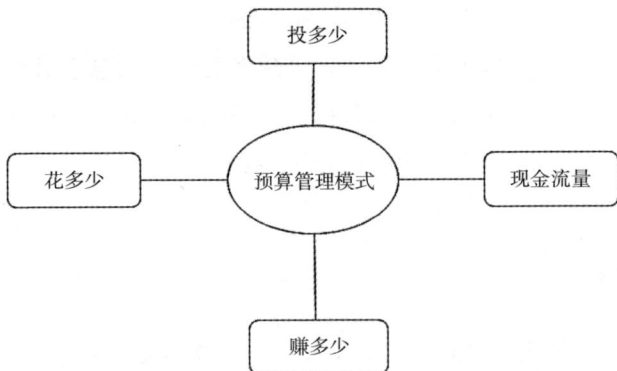

图 3-5　预算管理模式

3.2.1　"投多少"的预算管理模式如何制定

投多少也就是企业的资本支出了多少。从企业的经营来看，资本支出就是把钱投入企业的固定资产、项目研发以及市场开发中。然而，新研发的项目能否成功，以及回报的多少都是未知数，企业进行这样的投资和经营有很大的风险。

资本支出的预算管理模式是指以企业的资本投入为核心，从进行投资的预算到投资总额的预算和企业各期现金流量的预算，通过相关的财务技术手段对资本支出项目进行评价和分析，评价资本支出项目的成果。

案例

某大型冶炼厂在预算管理过程中曾经历两个阶段：一是以资本支出为主的扩建阶段，这一阶段维持了两年时间；二是以成本为起点的预算管理阶段，维持至今。虽然该厂有两种不同的预算管理方式，但都是为了适应当时企业的发展和经营的需要。

该大型冶炼厂在以资本支出为主的扩建阶段时，大力开拓国际市场，随着国际市场对锌的需求不断增加和竞争对手不断增多，企业在多套方案中抉择，最终讨论决定增加一条年产锌十万吨以上的生产线。

在资本支出的预算管理模式下，企业确定了投资规模，对投资各个项目的先后顺序、投入资金的多少都进行了周密的安排。

支付工程资金也必须严格按照工程进度和企业预算的额度进行，绝不允许提前支付或超额支付。如果需要变更设计，超出预算金额的，则必须经相关专家讨论后才能决议。

当时企业的决策者抓住了市场机遇，以及实行了严格、有效的预算管理，生产线才得以建立，才有了冶炼厂以后的发展。

上述案例中，正是因为企业对项目充分的研究和对资金投入周密的安排，实施以资本支出为核心的预算管理模式，才取得了可喜的成效。

资本支出的预算管理模式有优点，但也存在一定的弊端。通过资本支出的预算管理模式，企业可以在不断投资中带动经济发展，在未知中寻找方向。该模式的缺点是投入的资本可能打水漂儿，投资的风险较大。

3.2.2 "花多少"的预算管理模式如何制定

企业生产产品需要投入材料、人工等，日常的管理也需要各种花费，这些都需要钱，所以"花多少"的预算管理模式包括成本控制和营销费用两种预算管理模式。

成本控制的预算管理模式就是把成本作为核心，将编制预算的起点放在成本上。这种预算管理模式强调成本是企业管理的主线，认为成本是影响企业获取收益的主要因素。在成本预算管理控制下，一般先制定目标成本，然后将其分解，落实到企业各部门，最终实现目标成本。

案例

某钢铁厂在其内部管理中，实行成本预算管理，制定了与成本相关的一系列预算制度，并将预算目标分解分配至每个部门，各部门严格按照预算的相关制度执行。

到了年底，成本控制初见成效，企业的成本大幅度降低。预算年度的总成本相比去年降低 4 000 万元左右，降低率约为 7.5%，其中生产部门的铁水成本也有所下降，降低了约 85 元 / 吨，并且分解到各部门的成本指标相比预算也有较大幅度的降低，同时企业的资本运营也逐渐步入正轨。

任何事物都有其两面性，以成本为核心的预算管理模式有利于企业采取各种措施降低企业的成本，提高企业的盈利水平，以低成本抢占市场，加快企业成长的步伐。

企业如果一味地追求低成本，很容易忽略产品的质量，甚至可能阻碍企业研发新产品的进度。成本控制的预算管理模式适合寿命周期长、产品趋于成熟且能够以低成本的优势抢占市场的企业。

以营销费用为核心的预算管理模式，关注的则是市场的走向，以市场为依托，以提高市场的占有率为目标，坚持以销定产，在考核时把销售收入作为考核的重点。

营销费用的预算管理模式符合市场的需求，有助于提高资金的使用效率，同时提高产品的市场占有率，使企业快速成长。

不过，这种预算管理模式可能会造成企业在产品方面开发过度，忽略了产品成本，不利于企业利润的增长；可能存在为了销量增长过度赊销的情况，增加企业的坏账风险；过分地强调市场需求，可能会忽略企业内部潜力的挖掘，加大企业管理者和投资者之间的利益冲突。

营销费用的预算管理模式适合一些季节性经营的企业或以快速增长为目标的企业。当然，无论是成本控制的预算管理模式还是营销费用的预算管理模式，企业在选择时，必须结合自己所处行业的特点和自身的实际情况综合考虑，切不可盲目选择。

3.2.3 "赚多少"的预算管理模式如何制定

"赚多少"的预算管理模式重点关注企业的利润，这种模式把追求利润最大化作为预算管理的核心，考核的重点也是企业的利润。利润预算管理模式的使命就是把企业的生命周期延长，使企业向多元化的方向发展，最终实现企业的战略目标。

在利润预算管理模式下，如何确定利润预算目标是关键。该目标要与企业的实际经营情况相联系。一般情况下利润预算目标的确定与投资人投入的资本和要求的必要回报率密切相关。

案例

某公司在编制预算时，企业董事会下达预算年度的目标利润为 500 万元，管理层根据目标利润进行预测并编制了各项预算，其中销售收入预算 8 000 万元，成本费用预算 7 800 万元，无法完成目标利润。

后又对销售收入进行反复测算，并采取增加任务的方式，最终销售收入预算追加到 9 000 万元，对应的成本费用预算增加到 8 600 万元，两者相减后仍然无法完成目标利润。后经管理层要求各部门压缩成本和费用，最终将成本费用压缩到 8 500 万元，这才保证能完成目标利润。

企业一味地追求利润，压缩成本是正确的吗？是通过怎样的压缩手段将原来 8 600 万元的成本费用降低到 8 500 万元？

降低人工成本是不太现实的，那通过降低材料成本，即选取价格低的材料呢？一段时间内这样做确实可以达到降低成本的作用，但产品的质量也会大打折扣，不利于企业长久发展。

3.2.4　现金流量的预算管理模式如何制定

现金流量是评估企业价值和发展能力的重要指标。在企业的经营过程中，现金是一项重要的资产，反映了企业的资本构成和资源配置。很多企业对现金的管理相对比较薄弱，从而造成现金流动性较差，为了改善资金的管理状况，现金流量的预算管理应运而生。

现金流量的预算管理模式是指把企业的现金流入、流出作为预算管理的出发点，规划企业的现金流量，从而控制企业内部各项生产经营活动。现金流量的预算管理模式按照收付实现制的原则反映企业的生产经营活动，该模式下全面预算管理的编制主要依据企业的经营预算、资本预算以及现金支出、收入的历史资料。

案例

某大型钢铁集团根据"以收定支，与费用匹配"的原则编制现金流量预算，由资产管理部门制定统一格式，然后由各部门按要求进行细化。对所有的数据均编制现金预算，并经过多次的反复、平衡，形成了与企业经营目标相对应的现金流量预算表。

在现金流量预算表的执行过程中，集团要求各部门按月上报执行情况，实时跟踪集团经营情况的变化，并执行以现金流量为基准的指标考核体系。执行现金流量预算表一段时间后，集团资金的使用效率提高了，达到了控制集团内部各项生产经营活动的目的。

现金流量的预算管理模式有助于增加现金流入，减少现金流出，实现资金的收支平衡，提高企业规避财务风险的能力，符合投资者的利益需求。不过，预算中投入的资金不足，会影响企业的发展，甚至可能使企业错过发展的黄金时机。

第4章

全面预算的编制

全面预算管理需要做合理的规划，预算的编制是全面预算管理工作的起点。管理者下达目标，全员思考如何最经济地完成工作、实现目标。

4.1 全面预算的内容

全面预算建立在企业的决策方案基础之上，为企业的生产、销售以及资源分配等业务活动提供了明确的战略目标。全面预算的编制与企业所处的行业息息相关。不同行业的经营发展方向不同，编制的预算内容也大不相同。

4.1.1 确定预算的内容

全面预算中包含的内容因企业不同而不同，即使是同一个企业，处于不同的时期，关注的重点不同，内容也会不一样。预算是根据企业的具体现金流量、经营收支等情况编制的，可以说每个企业的预算都不一样，但大部分企业的预算都会包括经营预算、投资预算、筹资预算和财务预算四个方面。

1. 经营预算

经营预算包括采购预算、生产预算、销售预算、税金预算和费用预算。

销售预算包括销售品种、数量和单价预算，应收账款预算，销售成本与毛利预算。销售预算与销售数量或者销售单价成正比，在销售品种一定的情况下，销售数量越多，或者销售单价越高，销售预算自然也就越高。

生产预算包括产品耗材预算、直接人工预算以及产量预算等。以产定销的生产预算是以销售预算为基础的预算，二者之间的联系非常紧密。

2. 投资预算

编制投资预算的大多数企业都会编制不动产投资预算、设备车辆投资预算、股权投资预算和金融资产投资预算等。资金较为充足的企业，会将节余的资金用于购置金融资产，那么在当年的金融资产投资预算就要重点关注该部分的预算。

3. 筹资预算

筹资预算主要包括银行筹资预算、股权筹资预算和其他渠道筹资预算。筹资预算体现了企业对资金的需求量，在企业需要经营资金的情况下，首先考虑的是通过银行贷款的方式筹集所需资金，所以应当将重点放在银行筹资预算上。不过，有企业因经营项目的独特性，吸引了投资者的关注，所以也可通过股权筹资的方式获取资金，所以股权筹资预算也不容忽视。

4. 财务预算

财务预算包括现金预算、利润表预算和资产负债表预算。财务预算编制的重点在于现金预算和利润表预算。

现金预算包括经营现金流量预算、投资现金流量预算和筹资现金流量预算。现金预算的编制重点在于经营现金流量预算。如果经营现金流量预算出现负值，就应该重点关注应筹资现金流量预算。

利润表预算包括经营利润预算、期间费用预算、投资盈亏预算、资产减值预算和营业外收支预算。经营利润预算部分可直接使用经营预算中的数据。期间费用、投资盈亏以及营业外收支对利润的影响，在编制利润表预算时重点体现。

资产负债表预算包括资产预算、负债预算和权益预算。资产负债表预算的侧重点因企业的经营模式不同而有所差别。有的企业将管理的重点放在负债预算上，因为企业一旦负债过高，容易引起债务人的警惕，催促还款，影响企业的资金流。

全面预算的内容如图 4-1 所示。

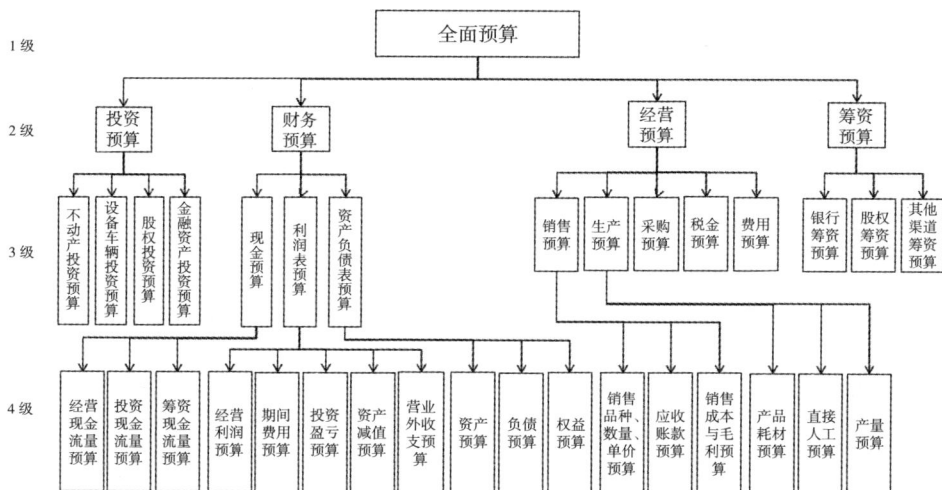

图 4-1　全面预算的内容

4.1.2　制造企业的预算内容

很多书都以制造企业为对象编写案例，因为制造企业涉及的业务内容非常全面，包括投资业务、生产经营和融资业务。制造企业的经营过程也非常复杂，不但需要进行原材料的采购，组织生产，还必须销售产品并提供相应的服务。

1. 经营预算

经营预算是所有企业的重点，对于制造企业来讲，则是重中之重。以销定产的企业会以市场的需求作为预算的起点，再根据可能形成的订单量制订生产计划，以此为基础采购各种生产中需要的物料、低值易耗品，再安排人员利用设备等加工和生产，形成商品。

也有一些垄断或半垄断的企业会以产定销，这些企业会根据生产能力结合市场情况，优先编制生产预算，再确定销售预算。

2. 投资预算

处于不同时期的制造企业，编制投资预算时的关注重点是不一样的。设备是保证企业能够生产和加工产品且保障产品质量稳定的最重要的资产。如果某制造企业在创业发展的初期，不动产投资或机器设备投资较大，那么预算关注的重点就是不动产投资预算。

3. 筹资预算

制造企业的筹资预算，因企业管理者的选择不同而有所区别。有的管理者认为股权筹资的方式不仅可以解决企业的资金问题，同时还能增强企业的实力；有的管理者则更偏向于采用银行筹资的方式。但无论选择何种筹资方式，筹资预算都是制造企业预算的重要组成部分。

4. 财务预算

制造企业的财务预算是结合经营预算、投资预算、筹资预算、营业外收支预算、期间费用预算编制而成的。比如，一些企业会将社会责任作为企业文化重要组成部分，那么企业捐赠、社会救助等营业外支出预算比重就会增加。

制造业作为一个非常复杂的行业大类，其细分行业呈现出不同的行业特征，在具体分析时，应当针对不同细分行业企业的特点分别编制预算。预算的各环节是环环相扣的，预算编制的任何环节出现问题，都会引起其他环节的连锁反应，所以应关注每一环节的预算编制。

4.1.3　服务行业的预算内容

服务业的特点是以劳务服务的输出形成产品价值，因此劳动力的成本会在总成本中占据比较高的比例。与制造业相比，服务业的产品是看不见、摸不着的，比如管理咨询服务。有些服务还要经过推敲，才能发现服务的成果。

与大多数制造业不同，服务行业的生产的过程就是其产生服务成果的过程。

接受服务的消费者是通过自身感受来判断服务产品的价值的。服务的时间、地点和人员的不同，都会影响消费者的判断。

正是由于服务行业的独特性，其预算内容也有特殊性。

1. 经营预算

同样的服务产品，不同的服务人员带给客户的体验是不同的。例如提供同样的推拿服务，新入职的员工和老员工因掌握的技法不同，会让客户有不同的体验。因此，人工费用预算也是经营预算的重点。

2. 投资预算

同样的产品，不同设备给客户带来的体验也是不同的，所以要关注设备投资预算。例如提供同样的理发服务，一台新烫头设备与传统设备相比，不仅省时、省力，还节约了客户的时间。因此，对设备依赖性高的服务业，要着重关注设备投资预算。

3. 筹资预算

服务行业对筹资的需要远低于固定资产投资较大的制造业。因为其产品具有无形性，所以大多数服务企业的筹资局限于资本投资。由于没有重资产，无法提供抵押物，所以很难获得金融机构的支持。

4.1.4　建筑行业的预算内容

建筑行业是集建筑的设计、施工、装修等于一体的行业，是国家经济的重要支柱产业之一。因为建设工程所需要投入的资金量大、项目周期长、支付工程款的进度慢等特点，所以建筑行业的资产负债率普遍偏高。

建筑行业的门槛低，经营环境较为恶劣。对于部分小项目，并不限制学历、技术等，大多数人都可参与。建筑行业大多是露天作业，受高温、严寒等天气的影响较大。

建筑行业的关联程度高，建筑行业每开发一个项目，可带动从建材到家电等多个相关行业的发展，有助于国民经济的发展。建筑行业的预算重点在于经营预算与筹资预算。

1. 经营预算

当只有投入没有产出或者产出的效率远远低于投入的效率时，建筑企业就要分析其经营预算，尤其是成本预算。在保证材料质量的情况下，企业应使用更合理的预算材料的价格，从而节约项目的成本支出。

2. 筹资预算

正是出于建筑行业的特殊性，建筑企业在编制预算内容时要注意筹资预算的编制。因建筑行业的工程款支付慢，想在保证项目正常进行的情况下不拖欠工人工资，就要确保建筑企业有足够的现金流，这就需要企业对筹资预算进行合理地分配，以确保资金充足，项目正常进行。

4.1.5　零售行业的预算内容

零售行业是贴近日常生活的行业之一，供应着日常生活中需要的各种物品，给百姓带来便利。零售行业基本没有复杂的生产和加工过程，主要是挑选大宗货物，将其整理成小宗物品，再摆放于柜台，以满足客户零星购买的需求。

1. 经营预算

与制造业的按订单生产不同，零售行业更多是按库存销售，这就需要储存足够数量和品种的商品。存货种类足够多是零售行业吸引投资人的关键，也是展示企业实力、获得消费者信赖的手段。存货的数量不足会导致消费者流失，但是储存量太大，又容易占用过多资金，因此合理配置存货的品种以及数量，是零售企业编制经营预算时需要关注的地方。

2. 投资预算

零售行业的应收账款往往较少，基本不会出现赊销的情况。同时，零售行业促销的手段层出不穷，如预售，以提前占用消费者资金的方式来绑定消费者。因此，零售行业的资金一般都比较充足，对于闲置的资金，企业则可以进行金融产品的投资，因此在编制投资预算时要着重关注金融资产投资预算。

3. 筹资预算

当用于存货周转的资金大幅度减少并影响到自身的正常经营时，零售企业就需要及时增加自身的现金流，避免现金流断裂。在编制筹资预算时，无论是银行筹资预算还是其他渠道筹资预算，企业都需要仔细考虑。

4. 财务预算

零售企业的扩张主要靠增加更多网点，然而，如果企业的资金被网点占用，那其用于存货周转的资金就会大幅度减少，进而影响企业创收。因此现金预算是零售企业编制财务预算时需要格外关注的。

4.1.6　房地产行业的预算内容

房地产行业经营的产品就是房产。房产不同于其他商品，其生产周期一般会超过一年。因此，房地产行业的特点有开发周期长、资金投入量大、回收投资周期长等。房地产行业与国计民生有着直接的联系，且影响巨大，所以整个行业受国家政策的影响也非常大。房产的销售价格往往与营业成本并不构成直接的关系，更多受地域、市场、国家政策以及金融市场的影响。

由于房地产行业因其产品和经营模式的特殊性，所以房地产企业要根据自身的实际情况，有计划地编制预算。

1. 经营预算

大多数行业持有流动资产的时间在理论上都短于一年，但是房地产行业的建设期和销售期较长，其流动资产持有时间远远长于一年。大多数行业的存货随着时间的推移，贬值的可能性较大，但房地产行业的存货反而存在升值的空间，所以要格外关注对房产价格的预算。

2. 投资预算

由于房地产行业可以采用预售制销售房产，并且房产的开发周期长，所以从开始预售到房产交付，中间会经历较长的时间。显然，房地产行业预收账款的比重会非常大，而这也为该行业中的企业带来了良性的现金流入。

3. 筹资预算

在预收账款不足以维持开支的情况下，房地产企业就需要通过银行或其他筹资渠道获取资金，所以在编制筹资预算时应当关注银行筹资预算和其他渠道筹资预算。

4. 财务预算

由于房产的开发周期长，在开发前期，大量管理费用、销售费用等直接计入利润表，但是收入在房产没有交付时不会形成营业收入计入利润表，所以利润表在开发前期体现出较长时间的亏损。虽然此时的利润表并不能真实反映企业的经营水平，但企业在编制财务预算时要重点关注利润表预算。

4.2 全面预算的编制方法

预算是一种系统的方法，可用来分配企业的人力、物力和财力，从而为实现企业的战略目标提供某种保证。预算编制也有多种方式，但无论选择何种编制方式，都应该基于企业发展现状，选择适合企业的编制方法。全面预算的编制方法如图 4-2 所示。

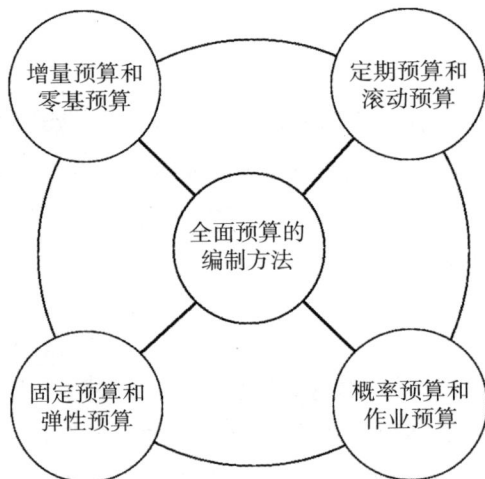

图 4-2　全面预算的编制方法

4.2.1 企业以业务量为依据如何编制预算

按照企业业务量基础数量的特征不同，预算编制方法分为固定预算和弹性预算两种方式。

1.固定预算

固定预算又称为静态预算，是指把预算期内的可实现的某一业务量水平作为企业编制预算的唯一基础。固定预算适用于业务量受外界影响较小的企业。

案例

某公司在预算期内预计 A 产品的产量为 200 件，因此按照固定预算方法编制了 A 产品的成本预算，其成本预算如表 4-1 所示。

表 4-1　某公司 A 产品的成本预算

公司名称：×× 公司　　　　　　产品类别：A 产品　　　　　　单位：万元

成本项目	总成本	单位成本
直接材料	1 200	6
直接人工	400	2
制造费用	600	3
合计	2 200	11

不过，实际在预算期内，A 产品的产量为 300 件，实际发生总成本为 3 150 万元，其中直接材料 1 800 万元，直接人工 600 万元，制造费用 750 万元，单位成本 10.5 万元。A 产品的成本差异如表 4-2 所示。

表 4-2　某公司 A 产品的成本差异

公司名称：×× 公司　　　　　　　　　　　　　　　　单位：万元

成本项目	实际成本	预算成本		差异	
		未按产量调整（200 件）	按产量调整（300 件）	未按产量调整	按产量调整
直接材料	1 800	1 200	1 800	600	0
直接人工	600	400	600	200	0

成本项目	实际成本	预算成本		差异	
		未按产量调整（200件）	按产量调整（300件）	未按产量调整	按产量调整
制造费用	750	600	900	150	−150
合计	3 150	2 200	3 300	950	−150

从表 4-2 中的数据可以发现，企业实际成本与未按产量调整的预算成本相比，三项成本均超支。不过，与按产量调整的预算成本相比，实际成本中的直接材料和直接人工都维持不变，而制造费用节约了 150 万元。

不难发现，在产品产量存在较大波动的情况下，以固定预算作为企业经营业绩考核的依据，容易扭曲企业的成本管理水平。

2. 弹性预算

弹性预算又称变动预算，是在将成本按习性分类的基础上，以业务量、成本和利润之间的关系为依据，按照预算期内可能发生的各种业务量编制的预算。弹性预算弥补了固定预算的不足，能较为全面地反映企业在不同业务量上的成本和利润情况，有利于控制成本费用、划清经济责任和考核业绩。

案例

某制造公司拟编制下一年度制造费用的弹性预算，确定的业务量范围是 3 000~5 000 工时，其各项制造费用的相关资料如表 4-3 所示，弹性预算如表 4-4 所示。

表 4-3　某制造公司各项制造费用的相关资料

序号	费用项目	变动制造费用 /（万元 / 时）	固定制造费用 /（万元 / 时）
1	间接材料	0.3	
2	间接人工	0.5	
3	电费	0.2	
4	水费	0.1	
5	维修费	0.06	3
6	其他	0.2	1

序号	费用项目	变动制造费用 /（万元 / 时）	固定制造费用 /（万元 / 时）
7	折旧费		3
8	管理费		2.5
9	保险费		1.5
10	合计	1.36	11

表 4-4　某制造公司制造费用的弹性预算

序号	费用项目	变动制造费用率	业务量 / 工时		
			3 000	4 000	5 000
一	变动费用：				
1	间接材料	0.3	900	1 200	1 500
2	间接人工	0.5	1 500	2 000	2 500
3	电费	0.2	600	800	1 000
4	水费	0.1	300	400	500
5	维修费	0.06	180	240	300
6	其他	0.2	600	800	1 000
7	小计	1.36	4 080	5 440	6 800
二	固定费用：				
1	维修费	3	3	3	3
2	折旧费	3	3	3	3
3	管理费	2.5	2.5	2.5	2.5
4	保险费	1.5	1.5	1.5	1.5
5	其他	1	1	1	1
6	小计	11	11	11	11
7	合计		4 091	5 451	6 811

　　该制造公司的制造费用的弹性预算采用的是列表法，列表法方便直接查询不同业务量下的成本预算，所得出的结果更精确，但由于工作量较大，这种方法操作起来比较麻烦。

4.2.2 企业以出发点为依据如何编制预算

以出发点为依据，全面预算又可以分为增量预算和零基预算。

1. 增量预算

增量预算又称调整预算，是以基期的成本费用为基础，分析预算期业务量和影响成本费用的因素的变动情况，通过调整基期的成本费用而编制预算的一种方法。

使用增量预算方法有一定的假设前提：首先，企业现有的经营活动是必需的；其次，企业原有的各项开支都是合理的；最后，企业新增的费用是值得的。

案例

某大型销售企业，采用增量预算方法，预算下一年度的销量。该企业本年度产品的销售额为 300 万元，企业的管理层估计下一年度的产品销售额会在本年度的基础上增加 10%，因此估计下一年度产品的销售额 =300×（1+10%）=330（万元）。

增量预算是企业在前一期的预算中推演得出来的，每一个新的预算都以上一期的预算作为参考，所以增量预算存在一定的缺陷。

（1）缺乏针对性。企业的各个部门往往都有多个目标或从事多项活动，但增量预算并未考虑活动的多样性，所以增量预算作为一种计划工具，缺少针对性。

（2）不利于控制成本或提高效率。事实上，增量预算容易掩盖企业的低效率和资源浪费，即便有些项目已经没有存在的意义了，这些原有的开支也很难被剔除。这是因为增量预算基于上期预算和新项目的预算要求，而企业的预算管理委员会只会审查新增的部分，对于原有的预算几乎很少考虑，这无形之中加大了资源消耗。

（3）预算的准确性不高。如果企业在预算期内经营情况发生变化，预算可能受到基期一些不合理因素的干扰，导致预算目标不准确，甚至可能与基期的预算目标相同，如此一来，不利于调动企业各部门达成预算目标的积极性。

2. 零基预算

零基预算是指企业对任何一个预算期、任意一种项目费用的支出，都无须考虑以往预算期间的费用开支水平，而是一切从零开始考虑企业的各个项目的费用，以确定预算期的合理支出，进而编制预算。

零基预算的特点有：首先，预算基础是零，预算是根据本期企业的经营活动确认的；其次，零基预算对预算期内的所有经济活动都做成本效益分析，不仅从企业经营活动的必需性和重要性来对有限的资金进行分配，同时还会兼顾金额大小。

案例

某上市公司采用零基预算的方式编制下一年度的预算，其中销售费用预算和管理费用预算合计450万元，但该上市公司销售部门预算为500万元，销售部门预算如表4-5所示。

表4-5 某上市公司销售部门预算

单位：万元

项目	金额
销售人员的薪酬	170
业务广告费	140
差旅费	90
办公费	60
保险费	30
培训费	10
合计	500

经过对销售部门提供的预算进行分析，公司管理层认为除了业务广告费和培训费外，其他费用都是必需费用，所以销售部门又对业务广告费和培训费的投入产出情况进行了详细的分析，如表4-6所示。

表4-6 某上市公司销售部门业务广告费和培训费的投入产出情况

单位：万元

项目	投入成本	产生收益
业务广告费	1	80
培训费	1	40

剔除必需费用后，将剩余金额 450-170-90-60-30=100（万元）在两者之间进行分配，则：

业务广告费的预算金额 =100×80÷（80+40）=66.67（万元）

培训费的预算金额 =100×40÷（80+40）=33.33（万元）

因此，调整后该上市公司销售部门的预算如表 4-7 所示。

表4-7   调整后某上市公司销售部门的预算

单位：万元

项目	金额
销售人员的薪酬	170
业务广告费	66.67
差旅费	90
办公费	60
保险费	30
培训费	33.33
合计	450

4.2.3 企业以预算期为依据如何编制预算

按照预算期的时间特征不同，企业的预算又可分为定期预算和滚动预算两种方式。

1. 定期预算

定期预算又称为阶段性预算，是以固定不变的会计期间作为预算期间的一种方法。定期预算能够确保预算期间与会计期间相匹配，易于将会计期间的报告数据与预算期间的数据相对比，考核和评价预算的执行结果。由于这种预算方式不利于预算的前后期间衔接，所以连续的业务活动不适用这种预算方式。

案例

某公司按照定期预算的方式编制下一年度的成本与利润的预算。假设预算下一年度产品的销售量为 3 000 万件，而且每月的销售量均有所不同，如表 4-8 所示。

表 4-8　某公司定期预算的成本与利润

金额单位：万元

项目	1月	2月	3月	4月	……	全年
一、预算的销售量／万件	200	180	260	310	……	3 000
二、预算的销售收入（15元／件）	3 000	2 700	3 900	4 650	……	45 000
三、减：变动成本	1 760	1 584	2 288	2 728	……	2 6400
其中：直接材料（6元／件）	1 200	1 080	1 560	1 860	……	18 000
直接人工（2元／件）	400	360	520	620	……	6 000
变动性制造费用（0.6元／件）	120	108	156	186	……	1 800
其他变动费用（0.2元／件）	40	36	52	62	……	600
四、减：固定成本	1 000	1 000	1 000	1 000	……	12 000
其中：固定制造费用	800	800	800	800	……	9 600
其他固定费用	200	200	200	200	……	2 400
五、销售利润	240	116	612	922	……	6 600

2. 滚动预算

滚动预算是指企业基于上一期预算完成情况，编制和调整下一期的预算，并将预算期间逐渐向后推移，使预算期间保持一定的时间跨度。

滚动预算因预算时间单位不同，可以分为逐月滚动、逐季滚动和混合滚动 3 种方式。

（1）逐月滚动就是以月作为时间单位，每月编制一次预算，这种方式编制的预算虽然精准度高，但工作量大。

（2）逐季滚动就是以季作为时间单位，每个季度调整一次预算，这种方式虽然精准度略逊于逐月滚动，但减小了预算的工作量。

（3）混合滚动则是同时把月和季作为预算编制的时间单位，这种方式适用于管理者对企业当前的发展有很大的把握，但对远期的发展缺乏信心的企业。

滚动预算能够保持预算的完整性和连续性，可以从动态预算中把握企业的未来，而且预算能够随着时间的推移不断调整和修订，使预算与实际情况更为贴近。滚动预算有助于企业管理者对企业未来一定时期的经营活动作详细地分析和规划，确保企业有条不紊地运营下去。

　　某水泥生产公司采用按季滚动的方式编制预算（见表4-9、表4-10），本年四个季度水泥的销售量分别是180吨、220吨、290吨和260吨，其中第一季度和第二季度的水泥单位售价均为1.1万元/吨，第三季度和第四季度水泥价格上涨，单位售价均为1.3万元/吨。公司预计下一年度第一季度的水泥销售量为240吨。

表4-9　某水泥生产公司滚动预算（第一期）

项目	本年度			
	第一季度	第二季度	第三季度	第四季度
销售量/吨	180	220	290	260
销售单价/（万元/吨）	1.1	1.1	1.3	1.3
销售总额/万元	198	242	377	338

表4-10　某水泥生产公司滚动预算（第二期）

项目	本年度			下一年度
	第二季度	第三季度	第四季度	第一季度
销售量/吨	220	290	260	240
销售单价/（万元/吨）	1.1	1.3	1.3	1.3
销售总额/万元	242	377	338	312

4.2.4　企业以事件为依据如何编制预算

企业以发生的事件为依据，预算管理可以分为概率预算和作业预算。

1. 概率预算

　　概率预算是指分析得出预算期内影响预算对象的变量，并根据客观条件，估计各变量可能变动的范围以及各个变动范围内发生的概率，将概率加权平均便可计算出变量在预算期内的期望值。概率预算属于不确定预算。概率预算适用于难以准确预测变动趋势的预算项目，比如开拓新业务等。

概率预算的编制，首先需要统计变量在上一期间发生的次数以及持续的时间，计算变量在一定期间发生概率的期望值；其次确定预算时间，并计算发生变量的时间；最后确定单位变量的资源消耗，计算项目所需的成本。

案例

某公司拟采用概率预算的方式编制下一年度的利润预算，其公司预测产品的销售单价为 0.9 万元 / 件，预测产品的销售量为 8 000~10 000 件，产品的单位变动成本在 0.5 万 ~0.54 万元，固定成本为 1 000 万元。该公司预测的产品销售量以及单位变动成本可能的发生额和发生概率如表 4-11 所示。

表 4-11　某公司预测的产品销售量以及单位变动成本可能的发生额和发生概率

项目	数量	概率	期望值
销售量 / 件	8 000	0.15	8 925
	8 500	0.25	
	9 000	0.3	
	9 500	0.2	
	10 000	0.1	
单位变动成本 /（万元 / 件）	0.5	0.1	0.5215
	0.51	0.2	
	0.52	0.3	
	0.53	0.25	
	0.54	0.15	

通过表 4-11，可以预算出下一年度的营业收入为 8 925×0.9=8 032.5（万元），公司的单位变动成本 0.5215×8 925=4 654.387 5（万元），固定成本 1 000 万元，因此公司的利润金额 8 032.5-4 654.387 5-1 000=2 378.112 5 万元。

概率预算编制的依据充分，便于理解，但编制起来工作量大，对历史数据的依赖性较强，对未来情况的变化考虑不充足。

2. 作业预算

作业预算也称作业基础预算法，是以作业管理为基础，以企业价值增值为目的的预算编制方式。作业预算是在作业分析和流程改进的基础上，结合企业战略目标和预测的作业量，确定企业各个部门的作业成本，并规定每项作业所允许的资源耗费量，从而对其实施有效的控制和评价。

编制作业预算，首先需要将企业的战略目标分解为作业层次目标，即对现有的作业进行分析；其次按照分析后改进的作业和流程估计未来的作业量，并以此为依据进行资源分配，编制预算草案；最后按照确定的作业层次调整资源之间的差异，形成最终的作业预算。

案例

某快餐店主营 A、B、C 三种盒饭套餐，该三种套餐以外送为主，店主根据以往的经验对下个月的外卖送餐费用进行预算，预算金额为 15 万元，这 15 万元均为配送盒饭产生的费用，该快餐店的成本费用构成如表 4-12 所示。

表 4-12　某快餐店的成本费用构成

项目	A 盒饭套餐	B 盒饭套餐	C 盒饭套餐
销售量 / 件	17 000	10 000	12 000
送货次数 / 次	16 000	6 000	10 000
平均送货时间 / 时	0.25	1.26	0.8
送货成本（元 / 时）	8	5	10

如果按照最基本的费用分配方式，店主会把送餐费用在三种类型的套餐中进行平均分配，每种套餐各占 5 万元送餐费用。不过，快餐店为了预算更加准确，采用了作业预算的方式。由此分配结果为：

A 盒饭套餐预算的费用为 16 000×0.25×8÷10 000=3.2（万元）

B 盒饭套餐预算的费用为 6 000×1.26×5÷10 000=3.8（万元）

C 盒饭套餐预算的费用为 10000×0.8×10=8（万元）

快餐店采用作业预算法将成本与收入更好地匹配，计算的结果更加准确。采用作业预算法的企业需要对成本的影响因素非常了解，同时还要花费精力对每项因素进行精细测算，因此使用时要权衡成本。

第5章

经营预算的编制

规划和控制预算期间企业日常的生产经营活动，这是编制经营预算的作用。随着市场经济的发展，企业经营管理的压力越来越大，相当一部分企业的管理者开始重视企业内部协同运作，并开始运用预算来提升企业经营管理的水平。

5.1 经营预算的重要性

实现盈利是企业的目标之一，这与企业的日常生产经营活动是分不开的，而产品的生产、销售时刻都在发生变化，要应对这些变化，企业就需要提前做好各种准备，经营预算也就应运而生。

5.1.1 编制经营预算的目的

编制经营预算是全面预算管理中的一个重要环节，是全面预算管理的起点。企业的经营目标只是一个空洞的数字，目标的实现必须要有详细的计划或方案来支撑。经营预算的编制，能为企业实现年度经营目标保驾护航。企业编制经营预算的目的有以下几个。

1. 企业存在的价值通过经营预算得以体现

企业经营的目的是获得盈利，一切经营活动都是围绕着如何实现更高利润展开的。一直亏损且没有盈利希望的企业，面临的就是被市场淘汰。经营预算可以更好地支持企业经营，实现盈利。

案例

某商贸公司销售 A、B、C、D 四种产品，每种产品的销量都有所不同。

A 产品是老产品，不仅产品的知名度高，而且质量也有保障。

B 产品是新兴产品，市场尚未打开，销量较低。

C 产品虽进入市场的时间早于 B 产品，但产品的销量不高也不低。

D 产品符合当下年轻人的审美追求，产品的销量仅次于 A 产品。

通过不断对市场进行考察和调研，公司确定了四种产品在预算年度的经营目标。

（1）基于 D 产品能够迎合年轻人的审美追求，公司将 D 产品作为主打产品，加大对 D 产品的宣传力度，争取实现销量突破 60 万件的目标。

（2）由于还有一部分消费者喜爱老产品，所以努力使 A 产品的销量稳定在 40 万件。

（3）通过价格促销的方式加大对 C 产品的推广力度，使其销量突破 20 万件。

（4）推广 D 产品时附带推广 B 产品，以此打开 B 产品的销售市场，将 B 产品的销量增加到 10 万件。

2.经营预算是所有预算的起点

经营预算是编制其他各项预算的基础。经营预算一旦确认，投资预算、财务预算和筹资预算也都围绕着经营预算展开，有了明确的预算目标，能更好地确保企业经营目标的实现。

经营预算中的销售预算是关键。对以销定产的企业来说，经营预算是企业预算的核心和关键。

3.各部门都围绕经营预算开展工作

从企业的采购、生产到销售，企业的各个环节都是围绕着经营预算展开的。不仅如此，财务部门、人力资源部门也都为经营预算的编制提供服务。因此经营预算的编制，将企业各个部门都联系起来，需要各部门不断协调、沟通，促进信息共享。

案例

某制造公司为了规范发展，经管理层讨论决定执行预算管理，该制造公司的经营预算如图 5-1 所示。

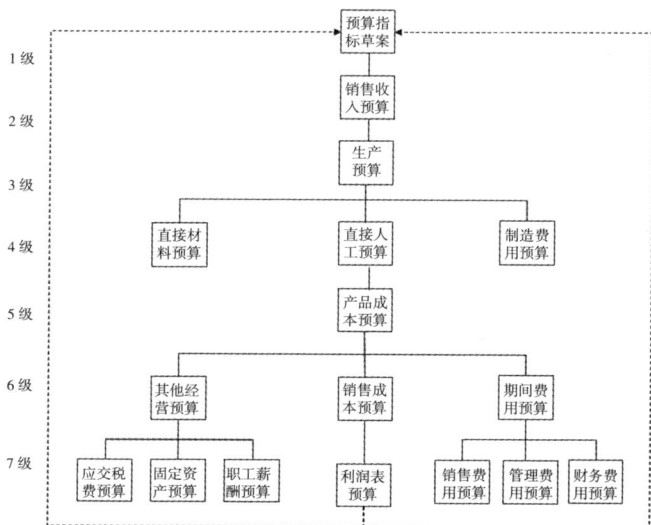

图 5-1 某制造公司的经营预算

从图 5-1 中可以看出该公司的经营预算涉及财务、人力资源和生产等多个部门，公司采用自上而下和自下而上相结合的全面预算编制流程，有助于各部门之间的沟通。

5.1.2 如何确定经营预算构成

编制经营预算是全面预算管理的重要环节，经营预算主要包括销售预算、生产预算、采购预算、税金预算和费用预算。即使是处于相同行业、具有相同规模、经营相同产品的企业，由于战略、组织架构、薪酬体系、企业文化的不同，经营预算体系也不尽相同。那么在确定经营预算的构成时，需要关注哪些事项呢？

1. 确定经营预算的内容范围

不同行业中，成本费用的构成不同，经营预算的重点也不同。对一些生产过程就是产品输出过程的服务企业而言，比如咨询公司、设计公司等，因其主要向客户提供服务，不需要生产和采购，所以其经营预算中就不存在生产预算。

2. 确定经营预算的重要关注点

企业经营并非一成不变的，在不同时期重点关注的事项会不同。比如重资产经营的制造企业刚刚成立时，主要的工作是固定资产建设；企业快速发展时期，销售预算甚至会呈现跳跃式增长；产品销售趋于稳定时，上下游产业链延伸、多元化发展、新产品研发则成为重点。

3. 确定经营预算的颗粒度

不同企业编制的经营预算的颗粒度存在较大的不同。对于标准化程度非常高，且产品生产工艺变化不大的企业，经营预算可以细致到一个螺丝钉的成本。对产品更新速度快、市场变化大的企业来说，经营预算做得过细，反而意义不大。

5.2 销售预算的编制

销售预算是经营预算的起点，又直接与市场发生联系，是一种全局性、控制性的活动。编制销售预算前需要回答以下问题：销售预算基于哪些信息，销售预算与战略的联系是什么，销售预算和财务目标又有什么关系，怎样计算产品的销售额和销售目标，怎样判断产品的市场前景。

5.2.1 如何进行销售预算

销售预算的编制是一个连续的过程，各方的交流和沟通起着重要的作用。预算使销售机会、销售目标越来越清晰和集中。企业在进行销售预算时，需要明确销售预算的编制步骤。

1. 确定目标

如果连目标都确定不了，那销售预算就只能变为空谈。销售目标和利润目标是由企业管理层决定的，而企业管理层对企业的所有者负责。为了企业的发展，就必须确保有足够的盈利，因此制定企业所有者满意的销售目标是进行销售预算的第一步。

2. 确定产品市场定位

目标确定好了，那就需要确定产品的潜在客户。任何产品都有自己的市场定位标准，企业应明确产品究竟适合所有人群还是只适合某类人群，比如明确服装生产企业生产的衣服面向的群体是儿童还是老人。产品的市场定位不同，企业自然就需要制定不同的营销决策方案。

案例

某制衣公司生产不同年龄阶段的睡衣产品，随着公司不断发展，总经理发现每年中老年人和儿童的睡衣销量一直领先，而其他年龄段的睡衣销量却一直处于低谷，公司管理层决定下一年度的销售预算将重点关注儿童和老年人睡衣，加大对这两者的投入，将其作为主打产品进行推广。

3. 分析产品市场需求

不同的消费者有不同的需求。为了满足大部分消费者的需求，企业在进行市场调研时应当多与消费者沟通，征求不同消费群体的意见，培训销售人员的同时开发具有销售潜能的人才，争取产品能够满足大部分消费者的需求。

案例

接上一案例，为了确保下一年度的销售预算能够顺利完成，公司在进行市场调研时发现，大部分消费者追求保暖效果好、轻便的睡衣。因而公司在睡衣的材质和款式上进行了改良，以确保产品满足大部分消费者的需求。

4. 判断产品或服务能够获取的市场份额

预算只是一个过程，其最终目的还是完成销售，因此合理判断产品的市场份额至关重要。

案例

某果汁生产公司决定在公司下一年度实行预算管理，调查市场的果汁产品后发现，本公司生产的果汁虽然价格略高于其他品牌的果汁，但产品定位明确，有卖点。再通过与以往年度的销量进行比较，公司预测下一年度该产品将占据三分之一的市场份额。

5.2.2 采用何种预测方法进行销售预算

预测方法因分析对象和预测的期限不同而有所差别，但无论预测的方法有多少种，都是为了销售预算能与企业的发展相适应。

1. 专家判断法

专家判断法就是指具有丰富经验的销售人员或专家，根据其以往所积累的经验提供初步的销售预算，再由企业根据经营的实际情况加以修正。专家判断法具有很强的个人主观性，预测的结果可能与实际存在较大差异。

案例

某手机生产公司在预算下一年度一月的某型号手机销售量情况时，得到了其所在省三个不同区域的销售人员对该型号手机的销售量的预测数据，如表5-1所示。

表 5-1 对某型号手机下一年度一月销售量的预测数据

销售人员	预测销售量/万部	概率	预测销售量/万部	概率	预测销售量/万部	概率	综合期望销售量/万部
A 区域销售人员	90	20%	70	50%	60	30%	71
B 区域销售人员	100	30%	90	60%	80	10%	92
C 区域销售人员	70	20%	60	60%	50	20%	60

从表 5-1 中可以看出，A 区域销售人员的期望销售量为 71 万部，B 区域销售人员的期望销售量为 92 万部，C 区域销售人员的期望销售量为 60 万部。B 区域销售人员的期望销售量最高，C 区域销售人员的最低。三个区域销售员的平均期望销售量为（71+92+60）÷3 ≈ 74（万部）。

2.市场调查法

市场调查法就是通过市场实地调研或者问卷调查的方式，从消费者的角度预测产品的销售量。

在进行市场调查时要注意产品的适用消费人群，从适用消费人群中选取具有代表性的消费者。比如某款手游公司在调查消费者体验时，就应当多选取年轻人作为调查对象，而不是为了应付调查，选取未成年人或老年人进行调查。

案例

为了确保销售预算更加可靠，某饮料公司决定在街边进行问卷调查，问卷调查的内容如下。

1. 请问您的年龄是：

□ 21 周岁以下　　□ 21~40 周岁　　□ 41~60 周岁　　□ 60 周岁以上

2. 您平时是否经常喝饮料：

□经常喝　　□过节喝　　□一般不喝　　□从来不喝

3. 您平时喝的饮料属于：

□碳酸饮料　　□果汁　　□乳酸菌饮品　　□其他

4. 您能接受的果汁的价格区间是：

□ 21 元以下　　□ 21~40 元　　□ 41~60 元　　□ 60 元以上

5. 您喜欢果汁的类型是：

□苹果汁　　□梨汁　　□橙汁　　□其他

6. 您是否购买固定品牌的果汁：

□是　　□否

公司邀请了 100 名不同行业、不同年龄段的人参与了此次调查，这次问卷调查可以让公司合理定位自己的消费群体，同时也能明确产品目标，为实现下一年度的销售预算奠定基础。

3. 趋势量化法

趋势量化法就是通过企业连续几个时期的销售情况，建立数字模型，利用数学关系对产品的销量加以描述，从而预测企业在预算期间销售量的一种方法。

5.3　生产预算的编制

生产预算是根据销售预算编制的，是为了达到预算期内销售量以及期末存货量对所需要的材料等资源的预算。考虑期末的存货量是为了避免存货积压或存货太少影响下期的销售，一般企业的生产量与产品的销售量相对应。生产预算涵盖生产的全过程，根据企业的销售预算可得出企业的生产总额和总产量。

5.3.1　如何对产量进行预算

为了预算期内完成预计的销售量，企业就必须保证生产出足够的产品。产品的产量预算表由企业的生产管理部门负责编制。产量受产品的销售量和存量的影响，而存量又与期初和期末产品的存量有关。因此预计产量的计算公式如下。

预计产量 = 预计销售量 + 预计期末存量 − 预计期初存量

一般按照产品品种编制产量预算，如表 5-2 所示。

表 5-2　产量预算

产品名称	项目	上年实际	本年预算	期间								
				第一季度				第二季度				……
				1月	2月	3月	合计	4月	5月	6月	合计	……
××产品	预计销售量											
	加：预计期末存量											
	减：预计期初存量											
××产品	预计销售量											
	加：预计期末存量											
	减：预计期初存量											
……												

需注意的是对期末存量的预算，要结合以往的销售经验进行判断，若期末存量过多，不仅会占用企业的资金，还会增加企业的储存成本、人员成本；若存量过少，虽然一定程度上减少了企业的成本，但一旦产品供不应求，企业就会错失部分收入。

生产预算揭示了企业生产、销售和存货之间的关系，明确了企业生产经营的进度，但是单纯的生产预算无法充分展示企业生产经营活动的全过程，还需要进一步确定生产所需的直接材料、直接人工和制造费用等的预算。

5.3.2　如何对直接材料进行预算

材料是企业进行生产的重要资源，在产品的成本中占有重要的地位。直接材料预算是以生产预算为基础的，反映预算期内所需要材料的数量和金额的预算。直接材料预算如表 5-3 所示。

表 5-3 直接材料预算

产品名称	项目	上年实际	本年预算	期间								
				第一季度				第二季度				……
				1月	2月	3月	合计	4月	5月	6月	合计	……
××产品	预计产量											
	单位产品耗用材料定额											
	预计产量耗用的材料总额											
	加：期末材料存量											
	减：期初材料存量											
	直接材料预计总量											
××产品	预计产量											
	单位产品耗用材料定额											
	预计产量耗用的材料总额											
	加：期末材料存量											
	减：期初材料存量											
	直接材料预计总量											
……												

需要注意：

（1）预计产量耗用的材料总额 = 单位产品耗用材料定额 × 预计产量

（2）直接材料预计总量 = 预计产量耗用的材料总额 + 期末材料存量 - 期初材料存量

直接材料预算考虑了原材料存货水平，可以避免材料存货不足影响生产，或材料存货过多而造成资金的浪费。

5.3.3　如何对直接人工进行预算

直接人工预算是根据预算期内的产品产量对所消耗的人工工时所做的预算。直接人工预算由企业的生产部门编制。直接人工预算可以反映出预算期内产品所消耗的人工成本。直接人工预算如表5-4所示。

表 5-4　直接人工预算

产品名称	项目	上年实际	本年预算	期间								
				第一季度				第二季度				……
				1月	2月	3月	合计	4月	5月	6月	合计	……
××产品	预计产量											
	单位产品定额工时											
	直接人工工时总数											
	单位工时工资											
	直接人工成本总额											
××产品	预计产量											
	单位产品定额工时											
	直接人工工时总数											
	单位工时工资											
	直接人工成本总额											

需要注意：

（1）直接人工工时总数 = 单位产品定额工时 × 预计产量

（2）直接人工成本总额 = 单位工时工资 × 直接人工工时总数

5.3.4　如何对制造费用进行预算

制造费用预算反映的是除直接材料和直接人工以外的其他一切生产费用的预算。制造费用是间接与产品生产相关的费用，比如车间厂房的折旧费、车间辅助人员的工资等。制造费用的发生与直接材料和直接人工不同，带有很大的不确定性。

制造费用预算可以按项目编制，如表5-5所示，也可以按产品编制，如表5-6

所示。具体选择何种方式编制制造费用预算可以依据企业日常生产经营的需要。

表 5-5　制造费用（按项目）预算

项目名称：

| 项目 | 上年实际 | 本年预算 | 第一季度 | | | | 第二季度 | | | | …… |
			1月	2月	3月	合计	4月	5月	6月	合计	……
薪金——车间管理人员											
奖金——其他奖金											
福利费											
办公费											
差旅费											
折旧费											
……											
其他固定制造费用											
固定制造费用合计											
奖金——年度奖金											
包装材料费											
……											
其他变动制造费用											
变动制造费用合计											
制造费用合计											

表 5-6　制造费用（按产品）预算

产品名称：

| 产品 | 单位产品定额工时 | 产量 | 产品工时总额 | 项目 | | | | | | | | | |
				工资及福利费	折旧费	维修费	办公费	水电费	保险费	包装费	租赁费	其他	合计
产品1													
产品2													
产品3													
产品4													
……													

5.4　费用预算的编制

编制费用预算的目的是控制费用、降低成本，增强企业的竞争力，增加企业的利润。编制费用预算时要综合考量各个部门、各个岗位，不可盲目编制。

5.4.1　如何对会议费进行预算

会议费是企业对员工的技能或其他方面的提高和培养所发生的费用。会议是企业的集体活动，必须进行严格的控制和管理。企业各部门会议费预算如表 5-7 所示，部门月度会议费预算如表 5-8 所示。

会议费预算主要与会议的天数、参加的人数、场地费等因素有关。

表 5-7　企业各部门会议费预算

单位名称：

序号	部门名称	上年实际	本年预算	预算按季分解								……
				第一季度				第二季度				……
				1月	2月	3月	合计	4月	5月	6月	合计	
1	生产部门											
2	销售部门											
3	采购部门											
4	人力资源部门											
5	后勤部门											
……												

表 5-8　部门月度会议费预算

部门名称：

时间安排	会议费主要内容描述	会议天数	预算合计	会议费明细项目						
				展位费	餐饮费	场地费	会场布置费	娱乐费	讲师费	其他
1月5日										
1月10日										
1月15日										
……										

某公司的销售部门在制定部门的会议费预算时，参考了以往会议费预算，并结合销售人员的知识储备情况，编制年度会议费预算明细，如表5-9所示。

表5-9　销售部门年度会议费预算明细

金额单位：元

时间	会议名称	参加人数/人	场地费	讲师费	餐饮费		宣传费		交通费		资料费	其他	合计金额
					标准	小计	标准	小计	标准	小计			
1月	部门计划与总结会	20			30	600					2 000	500	3 100
3月	专家研讨会	20	2 000	3 000	50	1 000			30	600	300	200	7 100
6月	年中预算执行会议总结	20			30	600					400	100	1 100
8月	头脑风暴会	20	1 000	800	20	400	15	300	10	200		600	3 300
10月	产品推广讲解会	20	1 600		50	1 000	30	600	20	400	800		4 400
12月	销售总结会	20			30	600						400	1 000
合计			4 600	3 800		4 200		900		1 200	3 500	1 800	20 000

销售部门预算年度会议共召开6次，共需要20 000元费用。花费金额较大的主要有场地费、餐饮费和讲师费。

5.4.2　如何对培训费进行预算

培训费是企业为培养人才而发生的费用。培训可以提高员工的专业性，提升工作技能，提高工作效率。

企业支出培训费时也要量力而行，不能一味想提高员工的专业性而忽视企业的经济实力。企业各部门的培训费预算如表5-10所示，部门月度培训费预算如表5-11所示。

表 5-10　企业各部门的培训费预算

单位名称：

序号	部门名称	上年实际	本年预算	预算按季分解								
				第一季度				第二季度				……
				1月	2月	3月	合计	4月	5月	6月	合计	
1	生产部门											
2	销售部门											
3	采购部门											
4	人力资源部门											
5	后勤部门											
……												

表 5-11　部门月度培训费预算

部门名称：

时间安排	培训费项目内容描述	金额预算依据	培训时间	预算合计	金额明细			
					讲师费	资料费	交通费	其他
1月5日								
1月10日								
1月15日								
……								

在培训费预算中，对资源的使用进行有效的监控非常重要。企业之所以愿意开展员工培训，是因为想增强企业的人才实力。因此，不仅要对培训费进行预算，还要对员工的培训效果进行监控，避免培训流于形式。

5.4.3　如何对招待费进行预算

招待费是企业为了正常经营发展而发生的费用，也是企业用来维系、发展客户的重要支出。对招待费进行预算时应当合理预测招待客户的频率以及客户的人数，该费用也与招待客户的级别有很大的关系。企业各部门招待费预算如表 5-12 所示，部门月度招待费预算如表 5-13 所示。

表 5-12　企业各部门招待费预算

单位名称：　　　　　　　　　　年度：

序号	部门名称	上年实际	本年预算	预算按季分解								
				第一季度				第二季度				……
				1月	2月	3月	合计	4月	5月	6月	合计	……
1	生产部门											
2	销售部门											
3	采购部门											
4	人力资源部门											
5	后勤部门											
……												

表 5-13　部门月度招待费预算

部门：

时间	招待人数	预算合计	招待费明细项目分解							
			餐饮		娱乐		礼品		其他	
			金额	招待事由及依据	金额	招待事由及依据	金额	招待事由及依据	金额	招待事由及依据
1月5日										
1月10日										
1月15日										
……										

　　如果企业不严格控制招待费，那么该费用支出可能会越来越多，企业对招待费进行预算，是控制招待费的一个好方法。

5.4.4 如何对通信费进行预算

电话、手机等通信工具的使用加强了员工与员工、员工与客户之间的沟通，加强了信息共享，提高了办事效率。通信费预算应当由各部门根据使用情况进行编制。企业各部门通信费预算如表 5-14 所示。

表 5-14 企业各部门通信费预算

单位名称：

序号	部门名称	上年实际	本年预算	预算按季分解								
				第一季度				第二季度				……
				1月	2月	3月	合计	4月	5月	6月	合计	……
1	生产部门											
2	销售部门											
3	采购部门											
4	人力资源部门											
5	后勤部门											
……												

同时还应当编制部门月度通信费预算，如表 5-15 所示，了解具体支出。

表 5-15 部门月度通信费预算

部门名称：

时间	岗位名称	电话号码	预算合计	预算项目明细			
				国内通话	国际通话	短信费	其他服务费用
1月5日							
1月10日							
1月15日							
……							

通信费的支出金额不大，很多企业甚至认为编制通信费预算有点小题大做。但是，企业内部实行预算管理，就是为了确保企业资源合理利用，而通信费作为

企业资源的一项，自然应当对其合理控制。

5.4.5 如何对办公费进行预算

办公费是企业为了保证员工正常开展日常工作而购买各种办公用品的费用，比如购买打印纸、笔等的费用。办公费预算应当按部门进行编制，在编制时应当以员工有效工作为目的来制定预算指标。企业各部门办公费预算如表5-16所示。

表5-16 企业各部门办公费预算

单位名称：

序号	部门名称	上年实际	本年预算	预算按季分解								
				第一季度				第二季度				……
				1月	2月	3月	合计	4月	5月	6月	合计	……
1	生产部门											
2	销售部门											
3	采购部门											
4	人力资源部门											
5	后勤部门											
……												

同时还应当编制部门月度办公费预算，以便了解各部门办公费预算的明细，避免盲目预算。部门月度办公费预算如表5-17所示。

表5-17 部门月度办公费预算

部门名称：

时间	岗位名称	预算合计	预算项目明细					
			打印纸	笔	计算器	订书器	固体胶	其他
1月5日								
1月10日								
1月15日								
……								

有的企业在实行办公费预算后，为了达到预算目标，购买了质量相对较差的打印纸，员工在使用过程中时不时会出现卡纸的情况，导致不仅没有节省资源，反而让企业损失得更多。所以在编制办公费预算时，要以提高员工的工作效率为目的。

5.4.6　如何对车辆运行费进行预算

当下，汽车的使用频率越来越高，有的企业为了方便员工拓展业务，会给企业的各部门配置不同的车辆，甚至还有班车专门接送员工上下班，所以需要编制车辆运行费预算。车辆运行费预算一般按车辆所在部门进行编制，如表 5-18 所示。

表 5-18　企业各部门车辆运行费预算

单位名称：

序号	部门名称	上年实际	本年预算	预算按季分解							
				第一季度				第二季度			……
				1月	2月	3月	合计	4月	5月	6月	合计	……
1	生产部门										
2	销售部门										
3	采购部门										
4	人力资源部门										
5	后勤部门										
……											

在对企业各部门车辆运行费预算汇总后，为了便于了解预算费用的明细，还应当对各部门每月预算按项目分解，以确保预算项目符合预算要求。部门月度车辆运行费预算如表 5-19 所示。

表 5-19　部门月度车辆运行费预算

使用部门：

时间	预算合计	按费用项目进行分解						
		保险费	车检费	汽油费	高速费	维修保养费	停车费	其他
1 月 5 日								
1 月 10 日								
1 月 15 日								
……								

编制车辆运行费预算可以起到很大的作用：一是可以控制企业的费用开支，节约成本；二是可以避免一些舞弊行为的发生。

5.4.7　如何对差旅费进行预算

差旅费是企业费用中较为重要的一部分。企业需要不断地拓展销售地域、寻找意向客户，这个过程中会产生大量的差旅费，如果企业对这些差旅费不加以控制，那费用可能就会无节制增加，所以需要对差旅费进行预算，合理控制其发生额。

在编制差旅费预算时，需要明白差旅费的发生与哪些因素有关。

（1）与外地的客户量有关。外地客户越多，出差次数越多，花费越多。

（2）与出差距离有关。出差距离决定了使用的交通工具是汽车、高铁还是飞机，交通工具不同，差旅费自然也不一样。

（3）与出差标准有关。出差标准应由企业统一规定，比如经理及以上级别可以执行一个标准，经理以下级别执行另一个标准。

差旅费预算的编制要从岗位开始，将差旅费落实到每个员工身上，更能贴合企业的实际情况。企业各部门差旅费预算如表 5-20 所示，部门月度差旅费预算如表 5-21 所示。

表 5-20　企业各部门差旅费预算

单位名称：

序号	部门名称	上年实际	本年预算	预算按季分解									
				第一季度				第二季度				……
				1月	2月	3月	合计	4月	5月	6月	合计	……
1	生产部门											
2	销售部门											
3	采购部门											
4	人力资源部门											
5	后勤部门											
……												

表 5-21　部门月度差旅费预算

部门名称：

时间	出差次数	出差天数	出差事由	预算合计	预算项目明细			
					交通费	住宿费	出差补贴	其他
1月5日								
1月10日								
1月15日								
……								

5.4.8　如何对研发费进行预算

研发费是占比非常大的一项费用，一些企业的研发费可能是企业费用中占比最大的一项。研发费投入一旦出现差错，企业会损失惨重。

企业很难根据投入产出比判断研发费支出是否合理，而且研发周期一般较长，基本在一年以上，有的甚至更长，同时研发期间存在极大的不确定性，管理的难度较大。正是因为研发费有这些特点，所以研发费预算编制的难度较大。

研发费的投入是为了提高产品的竞争力，拓展企业的获利空间。研发费预算编制前要选择编制方法，例如是按持续时间、费用项目还是按研发价值等，选择

127

合适的预算方法一定程度上也可以降低编制预算的难度。

选择按照持续时间分类，就需要先确定研发项目的持续时间，预算投入多少，每年的预算分别是多少。选择按照费用项目分类，就得按照总的研发费用预算，在人力、材料、设备和其他支出之间进行合理的预算分配。

另外，要重点审核和评估研发项目的可行性，以及研发过程是否控制得当，只有这样才能将研发费预算执行下去。研发费预算模板如表 5-22 所示。

表 5-22　研发费预算模板

序号	研发项目	持续时间	人力预算	材料预算	设备预算	其他预算	预算合计

5.5　不同部门如何编制预算

企业由各种不同的部门组成，而全面预算也是由不同的部门预算汇集而成的。对于企业的不同部门，其编制的预算的内容也有所差异，但目标是一致的，即实现企业的战略目标。

5.5.1　销售部门预算

销售部门编制预算是全面预算管理的重要环节。销售是连接企业与市场的桥梁，销售部门与市场和消费者直接联系，为市场分析及定位提供依据，同时通过以往的销售成果检验企业的销售规划，并制定新的销售规划。

鉴于销售部门的重要性，所以销售部门预算不容忽视。销售部门预算属于销售费用预算，在下文销售费用预算中会有具体体现。

案例 ✍

某生产企业为综合考核每位销售人员的能力，制定了下一年度的销售预算指标，同时为了保证企业的利润以及控制销售费用的占比情况，编制了下一年度销售费用预算，如表5-23所示。

表5-23 企业年度销售费用预算

部门名称：销售部门　　　　预算年度：××××年度　　　　单位：万元

分类	项目		1月	2月	3月	……	预算合计
固定费用	销售人员费用	人工薪酬	6.8	7.2	6.4		84
		福利费	1.8	0.6			18
		保险费	0.4	0.4	0.4		4.8
		小计	9	8.2	6.8		106.8
	其他费用	交通费	0.6	0.2	0.9		12
		通信费	0.1	0.1	0.2		2.4
		培训费	1.2	1	0.8		6.8
		招待费	0.6	1.4	0.2		12.4
		办公费	0.3	0.2	0.4		8
		租赁费					
		折旧费	3.6	3.6	3.6		43.2
		修理费	0.1				1.2
		其他	0.3		0.2		6
		小计	6.8	6.5	6.3		92
	固定费用小计		15.8	14.7	13.1		198.8
变动费用		奖金	3.2	2.8	4.2		40
		客户返利	0.6		0.2		8
		广告费	0.8	1.2			10
		运费	1.3	1.4			14.4
		燃料费	0.1		0.2		9
		其他					
		小计	6	5.4	4.6		81.4
合计			21.8	20.1	17.7		280.2

从表5-23中可以看出固定费用小计为198.8万元，总销售费用为280.2万元。固定费用占销售费用总额的比例为70.95%，其中销售人员费用为106.8万元，占固定费用的比例为53.72%，其他费用金额为92万元，占固定费用的比例为

46.28%，所以在固定费用中销售人员费用占比较大。

5.5.2 生产管理部门预算

生产管理部门预算是在销售部门预算产品销量的基础上，对销售产品的材料以及人工等进行的合理的预算。在生产预算编制的部分，已经对生产预算的每项都进行了详细的介绍，本小节不再重复介绍，仅以表格的形式对其进行概括。生产管理部门预算如表5-24所示。

表5-24 生产管理部门预算

预算部门：生产管理部门　　　　　预算年度：××××年度　　　　单位：万元

类别	项目	1月	2月	3月	……	预算合计
直接人工	人工薪酬					
	保险费					
	福利费					
	加班费					
	其他					
	小计					
直接材料	主要材料					
	外购半成品					
	辅助材料					
	小计					
制造费用	水电费					
	折旧费					
	办公费					
	租赁费					
	修理费					
	其他					
	小计					
合计						

案例 4

　　某公司主要从事冻干蔬菜、水果等的生产，其生产管理部门主要有两个，部门之间分工协作，生产一部主要负责对批发进来的蔬菜、水果等进行初步的筛选和清理，再交由生产二部进行进一步的处理。在公司实行全面预算管理后，生产一部的部门预算如表5-25所示。

表5-25　生产一部的部门预算

单位：万元

类别	项目	1月	2月	3月	……	预算合计
直接人工	人工薪酬	2.4	2.4	2.4		36
	保险费	0.2	0.2	0.2		2.4
	福利费	0.4		0.2		1.2
	加班费	2.4	1.3	1.5		8
	其他	0.2	0.1			1.2
	小计	5.6	4	4.3		48.8
直接材料	主要材料	12	16	14		120
	辅助材料	2	1	3		13
	小计	14	17	17		133
制造费用	水电费	3.2	2.8	2.5		36
	折旧费	0.8	0.6	0.7		12
	修理费	0.3		0.5		3.6
	小计	4.3	3.4	3.7		51.6
合计		23.9	24.4	25		233.4

　　生产一部主要对公司批发来的蔬菜、水果进行简单的初级加工，即挑选、清理等，因此人员支出的费用较多。

　　企业的发展离不开销售，更离不开生产，只有生产管理部门生产出合格的产品，销售部门才能更好地销售，为企业创造更多的收益。

5.5.3 技术工艺部门预算

技术工艺部门作为企业的关键部门，关系到企业的生存。技术工艺部门所研发的产品或技术能否被市场接受，对企业的生产经营有很大的影响。

编制技术工艺部门预算要以企业的发展战略作为依据，同时还要按照项目对预算进行分解。技术工艺部门预算如表5-26所示。

表 5-26　技术工艺部门预算

预算部门：技术工艺部门　　　　　预算年度：××××年度　　　　　单位：万元

类别	项目	1月	2月	3月	……	预算合计
人员费用	人工薪酬					
	福利费					
	保险费					
	奖金					
	小计					
日常费用	办公费					
	培训费					
	招待费					
	差旅费					
	折旧费					
	水电费					
	维修费					
	……					
	小计					
合计						

技术工艺部门除了编制部门预算外，还要编制技术设备和技术工程预算。其中技术设备预算可以细分为设备预算、采购预算、验收预算和运行维护预算等。

要得出设备预算，技术部门需要先了解所需设备，其次是了解该设备的市场供应状况，了解该设备的供应商、销售条件等。

采购预算包括双方谈判所需的费用以及进行招投标所需的费用。验收预算主要包括运输费和验收报告所需要支付的费用。运行维护预算包括设备日常维护、修理的费用。

技术工程预算主要包括工程主体预算和安全监控预算。工程主体预算主要是基础工程和配套工程预算。安全监控预算也就是所需要购买的检测器材以及保护器材的相关预算。技术设备和技术工程预算如表5-27所示。

表5-27　技术设备和技术工程预算

预算公司：　　　　　　　　预算年度：××××年度　　　　　　　单位：万元

类别	项目	生产车间		设备部门		……	预算合计
		一车间	二车间	设备一部	设备二部	……	
技术设备预算	设备预算						
	采购预算						
	验收预算						
	运行维护预算						
	其他						
	小计						
技术工程预算	基础工程预算						
	配套工程预算						
	安全监控预算						
	小计						
合计							

5.5.4　采购部门预算

采购部门作为企业的费用支出部门，需要根据销售预算预测采购费用支出，同时还要确定采购成本是否可以降低，以实现企业的利润目标。采购部门预算如表5-28所示。

表5-28 采购部门预算

预算部门：采购部门　　　　　　预算年度：××××年度　　　　单位：万元

序号	类别	项目	1月	2月	3月	……	预算合计
1	人员费用	人工薪酬					
		保险费					
		福利费					
		奖金					
		小计					
2	日常费用	办公费					
		水电费					
		差旅费					
		招待费					
		其他					
		小计					
3	招标采购费用	场地费					
		资料费					
		印刷费					
		其他					
		小计					
合计							

　　采购部门不仅要对部门内采购人员的工资、福利费以及办公费和水电费等进行预算，同时还要对其他部门与设备或材料等相关的费用进行汇总，明确企业总的采购预算。采购预算如表5-29所示。

表 5-29　采购预算

预算公司：　　　　　　　　　预算年度：××××年度　　　　　　　单位：万元

类别	项目	生产部门			销售部门			……	预算合计
		一车间	二车间	……	销售一部	销售二部	……	……	
生产设备	机器设备								
	运输费								
	保险费								
	其他								
	小计								
生产材料	材料费用								
	运输费								
	保险费								
	其他								
	小计								
办公设备	计算机								
	办公桌椅								
	打印机								
	……								
	小计								
合计									

其中，要根据销售预算确定采购量。

（1）根据销售部门提供的销售预算的产品种类和数量，结合以往产品的销售量，确定未来一年采购产品的种类和数量。

（2）结合研发部门出具的详细的材料采购的清单，决定材料采购时间安排。

（3）根据预算的数量和品种，结合月度销售情况，编制详细的采购清单，确定买什么、从哪买和买多少等问题。

（4）结合材料市场以往价格变动轨迹，确定采购策略，以达到降低成本的目的。

采购部门材料预算如表 5-30 所示。

表 5-30　采购部门材料预算

预算公司：　　　　　　　预算年度：××××年　　　　　　单位：万元

序号	名称	类别	规格型号	单价	预算时间									预算金额合计
					第一季度						第二季度		……	
					1月		2月		3月		4月		……	
					采购数量/个	采购金额	采购数量/个	采购金额	采购数量/个	采购金额	采购数量/个	采购金额		
1														
2														
3														
4														
5														
6														

采购部门在实际执行预算的过程中要注意供应商材料品类，对供应商进行开发、管理和淘汰。根据供应商采购条款分析货款的周转天数，合理利用企业的资金流，同时还要根据采购数量设置库存材料的数量，确保库存材料的数量能够保证生产顺利进行。

5.5.5　人力资源部门预算

员工是企业最富有能动性的资源，在企业之间的竞争日益激烈的情况下，充分发挥人力资源的优势，显得格外重要。编制人力资源部门预算可以督促人力资源的规划真正落地，准确预估人力资源的费用，合理管控人力资源，保障各级预算管理考核的客观公正。

编制人力资源部门预算的前提是对人力资源的规划。有的人力资源部门为了完成任务，不对人力资源进行系统的规划，而是在上一年度人力资源预算的基础上进行加减，造成人力资源预算逐渐流于形式。

人力资源的规划，可以采用零基预算的方法，一切归零，重新按照企业的年度预算目标进行规划，明确各部门对人力资源的需求，对现有的人力资源进行盘点，从而制定出关于招聘、培训、薪酬激励等方面的措施。

下面介绍人力资源部门的费用预算。

1. 人员费用预算

人员费用预算主要包括员工工资、福利费、保险费、资金等。

2. 招聘费用预算

招聘费用预算主要包括网站会员费、招聘资料设计费、印刷费等固定费用，还包括与招聘有关的差旅费和餐饮费等。

3. 培训费用预算

培训费用预算主要包括讲师费用、培训用品费用、学员费用（包括学习用品费、餐饮费等）。

4. 激励费用预算

随着人才的竞争日益激烈，企业在员工激励方面的各类费用支出也不少。

（1）在福利方面，除了"五险一金"、高温补贴等，还包括个性化福利，比如通信补贴、生日红包、婚丧补贴等。

（2）绩效奖金与员工的绩效表现相关，其预算可以按照奖金的基数计算。

（3）业务提成与业务类员工的成果挂钩，此类预算可以依据提成方案或企业阶段性的业绩目标进行编制。

因企业规模大小不一，人力资源部门预算的详细程度也不一样，可在表5-31的基础上，按照需要增加或减少项目。

表 5-31　人力资源部门预算

预算部门：人力资源部门　　　　预算年度：××××年度　　　　单位：万元

类别	项目	第一季度			第二季度		……	预算合计
		1月	2月	3月	4月	……	……	
人员费用	人工薪酬							
	福利费							
	保险费							
	奖金							
	……							
	小计							
招聘费用	网站会员费							
	招聘资料设计费							

续表

类别	项目	第一季度			第二季度		……	预算合计
		1月	2月	3月	4月	……	……	
招聘费用	印刷费							
	……							
	小计							
培训费用	讲师费用							
	学员费用							
	培训用品费用							
	……							
	小计							
激励费用	通信补贴							
	生日红包							
	婚丧补贴							
	……							
	小计							
其他费用	年会奖							
	……							
	小计							
合计								

在人力资源预算执行过程中，如果企业经营目标或外部经营环境等造成预算发生重大变化的，可由人力资源部门对预算进行适当的调整。

另外，人力资源部门编制的预算中，不仅包括人力资源部门自身所发生成本费用的预算，还包括整个单位的人力资源的成本费用预算。后者需要人力资源部门根据企业整体的销售预算和人工预算进行汇总确定。

每个企业的预算格式都有所不同，表5-32所示的人力资源预算是较为常见的格式。

表 5-32　人力资源预算

预算公司：　　　　　　　预算年度：××××年度　　　　　　单位：万元

类别	项目	生产部门				行政管理部门			……	预算合计
		一车间	二车间	……	小计	财务部	行政部	……	……	
人员费用	人工薪酬									
	福利费									
	保险费									
	奖金									
	……									
	小计									
招聘费用	网站会员费									
	招聘资料设计费									
	印刷费									
	……									
	小计									
培训费用	讲师费用									
	学员费用									
	培训用品费用									
	……									
	小计									
其他费用	年会奖									
	……									
	小计									
合计										

人力资源预算中各部门的人力资源数据，应与各部门自行编制的预算中的人力资源部分的数据相同。

5.5.6 行政部门预算

行政部门虽然不是企业的中心部门，但时刻影响着企业的运转，其工作效率对企业生产经营和长远发展都有着不可替代的重要意义，因此行政部门预算也不容忽视。行政部门预算如表5-33所示。

表5-33 行政部门预算

预算部门：行政部门　　　　　预算年度：××××年度　　　　　单位：万元

类别	项目	1月	2月	3月	……	预算合计
人员费用	人工薪酬					
	福利费					
	保险费					
	小计					
日常费用	办公费					
	水电费					
	折旧费					
	差旅费					
	招待费					
	维修费					
	安保费					
	车辆保险费					
	……					
	小计					
合计						

行政部门不仅要编制本部门的预算，还要保证整个企业内部资源的合理配置，所以还要对其他部门的后勤资源的预算进行汇总和规划，确保企业各部门的运转都有充足的资源支持。行政部门预算汇总如表5-34所示。

表5-34 行政部门预算汇总

预算公司：　　　　　　预算年度：××××年度　　　　单位：万元

类别	项目	生产部门		销售部门		……	预算合计
		生产一部	生产二部	销售一部	销售二部	……	
办公费	办公用品费						
	装订印刷费						
	设备耗材费						
	……						
	小计						
通信费	电话费						
	宽带费						
	小计						
能耗费	水电费						
	油费						
	车辆维修费						
	车辆保养费						
	车辆保险费						
	……						
	小计						
其他	保洁费						
	绿植费						
	小计						
合计							

　　行政部门预算在企业管理和发展中具有基础性、保障性的重要作用，只有做好企业的行政工作，才可以为全体员工提供良好、安全和舒适的工作环境。

5.5.7　企划广告部门预算

企业的产品销售是否成功，不仅与销售人员有关，还与企划广告部门有着千丝万缕的关系。如果说销售部门是航船，那企划广告部门便是航标。

在前有竞争者，后有尾随者的情况下，企业新产品想要快速打开市场实属不易，快速打开市场便是企划广告部门的责任。企划广告部门负责企划方案制定，完成销售广告的策划、设计，负责产品的日常推广工作。企划广告部门预算如表5-35所示。

表 5-35　企划广告部门预算

预算部门：企划广告部门　　　　　　预算年度：××××年度　　　　　单位：万元

类别	项目	1月	2月	3月	……	预算合计
人员费用	人工薪酬					
	福利费					
	保险费					
	加班费					
	小计					
日常费用	办公费					
	水电费					
	折旧费					
	培训费					
	差旅费					
	招待费					
	设计费					
	车辆维修费					
	其他					
	小计					
合计						

另外，企划广告部门不仅要编制本部门的成本费用预算，还要计算其他部门的广告费用预算。这部分预算需要企划广告部门根据企业整体的销售预算和人力资源预算等进行汇总和整理确定。企划广告部门预算汇总如表5-36所示。

表 5-36　企划广告部门预算汇总

预算公司：　　　　　　预算年度：××××年度　　　　　　单位：万元

类别	项目	A 部门	B 部门	……	预算合计
广告费	电视广告费				
	网络广告费				
	报纸广告费				
	广告制作费				
	……				
	小计				
宣传费	设计费				
	印刷费				
	人工费				
	服装费				
	……				
	小计				
展览费	场地费				
	资料费				
	人工费				
	……				
	小计				
营销活动费	促销宣传费				
	人工费				
	服装费				
	礼品费				
	……				
	小计				
合计					

5.5.8 设备工程部门预算

机器设备是企业组织生产的重要技术基础，是构成生产力的要素之一，同时也是企业生产经营的重要工具和手段，是企业生存和发展的重要物质基础。

设备工程部门负责企业所有设备的日常维修和保养，其工作效率，对企业的生产经营有很大的影响。因此设备工程部门预算也很重要。设备工程部门预算如表 5-37 所示。

表 5-37 设备工程部门预算

预算部门：设备工程部门　　　　预算年度：××××年度　　　　单位：万元

类别	项目	1月	2月	3月	……	预算合计
维修人员费用	人工薪酬					
	福利费					
	保险费					
	奖金					
	小计					
日常费用	水电费					
	折旧费					
	培训费					
	差旅费					
	招待费					
	办公费					
	维修费					
	其他					
	小计					
合计						

设备工程部门不仅要对本部门的相关费用等做出预算，还要根据企业生产经营的需要以及市场的变化，对企业的设备进行更新，因此要根据各部门的需要汇总企业生产以及办公等设备的预算，并与采购部门进行协商，确定最后的预算。设备采购与维修、报废预算如表 5-38 所示。

表 5-38 设备采购与维修、报废预算

预算公司：　　　　　　　预算年度：××××年度　　　　　　单位：万元

类别	项目	生产部门		仓储部门		……	预算合计
		一车间	二车间	一仓库	二仓库	……	
设备采购	生产设备						
	办公设备						
	保险费						
	运输费						
	装卸费						
	其他						
	小计						
设备维护	安装费						
	维修费						
	保养费						
	折旧费						
	其他						
	小计						
设备处理	拆卸费						
	清理费						
	其他						
	小计						
合计							

5.5.9 仓储物流部门预算

企业在生产经营过程中，为保证正常的销售经营的运转，都会提前储备一些材料和产成品以应对一些突发事件。

仓储费用即材料、低值易耗品、产成品的保管及日常的生产领用所产生费用。物流费用主要是产品、材料在实际运输过程中所产生的费用以及装卸搬运所产生的费用。

在企业实行全面预算管理的过程中，仓储物流部门同样要进行预算管理。仓

储物流部门预算如表 5-39 所示。

表 5-39 仓储物流部门预算

预算部门：仓储物流部门 　　　　　预算年度：××××年度 　　　　　单位：万元

类别	项目	1月	2月	3月	……	预算合计
人员费用	人工薪酬					
	保险费					
	福利费					
	加班费					
	小计					
仓储费用	水电费					
	折旧费					
	保管费					
	保险费					
	……					
	小计					
物流费用	运输费					
	保险费					
	装卸费					
	燃料费					
	保养费					
	……					
	小计					
日常费用	办公费					
	培训费					
	差旅费					
	招待费					
	……					
	小计					
合计						

第6章

投资、筹资及财务预算的编制

在全面预算管理中，投资、筹资、现金及利润表预算是平衡经营预算的手段，其重点如下。

（1）投资、筹资预算能反映企业长期规划和管理的过程，关系到企业资金支配的自由度和资金抗风险的程度。

（2）现金预算，无论是利润表预算还是投资、筹资，最终都会落实到资金上。

（3）利润表预算，企业经营预算与资源配置的合理性，体现为给投资者的回报。

6.1 投资、筹资预算

投资、筹资预算是企业为了今后更好的发展，获得更大的报酬而做出的预算，是能够反映出企业建设资金的来源与用途的预算。

6.1.1 编制投资预算步骤

投资预算也称为资本预算，投资预算包括但不限于不动产投资预算、设备车辆投资预算、股权投资预算和金融资产投资预算。

在编制投资预算时，要综合考虑投资项目的各个方面是否与企业生产经营发展的需求相吻合。一旦投资失误，给企业造成的损失很难挽回。在编制投资预算时要注意以下几个方面。

（1）确定企业是否存在可用的盈余资金。

（2）确定投资方向，资金是用来购买固定资产以扩大企业的规模，还是投资于上下游企业，或者是投资于股票等。

（3）根据投资计划，确认具体的实施方案。

（4）根据方案，确定具体的预算数据。

案例

菜刀公司生产手绘菜刀，因其在菜刀上融入了手绘的色彩，深受消费者的喜爱，产品一直供不应求。为了扩大生产，公司决定增加生产线。财务部门被要求整理新建生产线的相关资料，并对该投资项目进行评价，以方便公司管理层参考。

经过财务部门的一系列对比、调查，结果如下。该生产线的投资金额为13万元，分两年投入，第一年投入10万元，第二年投入3万元，第二年便可完成建设并运行。生产线运行后每月可增加约1 000个产品，可额外增加收入大约60万元，生产线预计的使用寿命为5年。

通过财务部门的分析，公司管理层决定增加该条生产线。

6.1.2　如何编制投资预算

投资预算的编制要坚持实事求是。结合企业的生产经营计划，合理安排；根据以前计划的执行情况，合理预测；编制人员要加强与财务部门之间的沟通，了解影响投资预算执行的财务因素，对投资预算进行深入研究。

投资预算如表 6-1 所示。表 6-1 中的内容要结合企业投资的项目进行修改，并不是一成不变的。

表 6-1　投资预算

单位名称：

项目	上年实际	本年预算	预算分解								……
			第一季度				第二季度				
			1月	2月	3月	合计	4月	5月	6月	合计	
一、股权投资											
（1）长期股权投资											
期初余额											
本期增加											
本期收回											
期末余额											
投资收益											
（2）短期股权投资											
期初余额											
本期增加											
本期收回											
期末余额											
投资收益											
二、债权投资											
（1）长期债权投资											
期初余额											
本期增加											
本期收回											
期末余额											

项目	上年实际	本年预算	预算分解								
			第一季度				第二季度				......
			1月	2月	3月	合计	4月	5月	6月	合计	
其中：一年内到期的长期债权投资											
投资收益											
（2）短期债权投资											
期初余额											
本期增加											
本期收回											
期末余额											
投资收益											

6.1.3 编制筹资预算步骤

经营预算是企业预算的起点，也是关键环节，因此筹资预算也要以企业的经营预算为依据，在经营预算的基础上编制。在编制筹资预算时，要注意以下几方面。

（1）根据经营预算，判断企业是否存在资金短缺的情况。

（2）根据资金短缺数量、抵押物以及企业信用选择编制银行筹资预算还是股权筹资预算或其他渠道筹资预算。

（3）根据筹资计划，确认具体的实施方案。

（4）根据方案，确定具体筹资的相关数据。

案例

某公司编制了企业预算年度的筹资预算，内容如下。

（1）对公司预算年度的经营资金需求量进行预算。

（2）在经营预算方案审核无误的情况下，汇总经营预算现金收付金额，并对经营活动的现金收支情况与预算的经营资金需求量之间的差异进行分析和调整。

（3）对公司需要偿还的各项短期债务进行调查，确认公司预算年度期初短期借款余额为 5 000 万元，每季度需归还 1 000 万元，同时在第一季度和第二季度还需要承付银行承兑汇票 500 万元。

将公司经营预算现金收付情况与短期债务进行汇总，如表 6-2 所示。

表 6-2　经营预算现金收付情况与短期债务汇总

单位：万元

项目	现金收入金额／万元	现金支出金额／万元	收支差额／万元
经营预算	6 000	2 000	4 000
其中：销售预算	6 000	500	5 500
生产预算		200	−200
采购预算		1 200	−1 200
费用预算		100	−100
短期债务		5 000	−5 000
其中：偿还银行短期借款		4 000	−4 000
承付银行承兑汇票		1 000	−1 000
合计	6 000	7 000	−1 000

经过分析发现，公司还需增加现金 1 000 万元，因此财务部门根据经营活动的现金收支差额制定了筹资方案。

（1）挖掘公司自有资金的潜力。通过加强资金管理，压缩项目占用的资金共计 60 万元，收回公司长期应收账款 40 万元。

（2）利用公司信用筹资 200 万元。

（3）剩余的 700 万元的资金缺口通过银行贷款的方式解决。

6.1.4　如何编制筹资预算

筹资预算编制的关键在于确定好需要筹集的资金数。确定预算资金需求量时要结合企业生产经营的实际情况，资金需求量确认后就需要选择筹资方式，如是采用股权筹资还是采用银行筹资。

确定筹资金额以及筹资方式后，就需要编制筹资预算，如表 6-3 所示。因企业所处行业以及实际情况的差异，具体的筹资预算的内容要根据企业的实际情况予以增加或是删减。

表 6-3　筹资预算

单位名称：

项目	上年实际	本年预算	预算分解								………
			第一季度				第二季度				
			1月	2月	3月	合计	4月	5月	6月	合计	
一、股权筹资											
期初余额											
本期增加											
本期减少											
期末余额											
二、银行筹资											
（一）长期贷款											
期初余额											
本期贷入											
本期还贷											
其中：偿还本金											
偿还利息											
长期贷款增加净额											
期末余额											
其中：一年内到期的长期贷款											
（二）短期贷款											
期初余额											
本期贷入											
本期还贷											
其中：偿还本金											
偿还利息											
短期贷款增加净额											
期末余额											
合计											

6.2　现金预算

现金预算是用来预测企业剩余库存现金，以及在不同时点上的现金需求量，反映企业在预算期内全部现金流入和现金流出，并以此预计现金收支差额的预算。现金预算包括现金收入预算和现金支出预算。

6.2.1 如何对现金收支进行预算

现金预算就是根据企业日常生产经营状况，预测现金收入和现金支出，从而真实地反映现金盈余、短缺或持平。

现金收入主要来源于企业的销售收入，现金支出主要是企业运营过程中的支出，包括材料的采购支出、员工的工资支出和税收支出等。只有对现金收支进行合理的预算才能了解企业的资金是否充足。

编制现金预算时应先统计各部门的现金收支，同时上报财务部门。现金预算最好按月进行编制，采用零基预算的方法，从零开始，更容易将预算精准到每个部门、每件事上。

然后预算各种现金收入，财务部门要协同销售部门按照销售预算编制现金收入预算。

最后编制现金预算，由财务部门牵头，总经理主持会议，各预算部门的负责人参加，讨论分析确认无误后，执行预算。

现金预算编制的重点是现金支出预算，但在执行过程中的关注重点是现金收入预算。现金支出预算的弹性小，而现金收入预算与之相反，有时候卖出产品但不能及时回款，这就导致现金收入难以准确预算，容易造成收支不平衡的现象。

现金预算对企业而言是一项综合性的预算工程，牵扯的范围广，是规划企业现金的有效工具和手段。

6.2.2 编制现金预算要注意什么

现金是企业的血液，只有源源不断地流入现金，企业才能够不断地发展，现金预算的重要性不言而喻。在编制现金预算时要注意以下几点。

1. 遵循增量现金流量原则

企业在确定与投资预算相关的现金流量时，要遵循增量现金流量原则，只有增量现金流量才是与项目相关的现金流量。而所谓的增量现金流量是接受或者拒绝某个投资方案后，企业变动的总现金流量。

2.区分相关成本和非相关成本

相关成本是与决策有关的，在分析时必须考虑的成本，如差额成本、重置成本。而非相关成本则是与决策无关，在分析时无须考虑的成本，如沉没成本等。

案例

某企业在 2018 年打算增建一个车间，为此请专门的咨询公司做可行性分析，并支付咨询费 6 万元，后因公司遇到更好的投资项目，此车间的建造便被搁置，而发生的 6 万元的咨询费已经入账。2022 年公司决定继续增建车间，此前支付的 6 万元的咨询费是否还是相关成本？

当然不是，这笔咨询费已经发生，无论公司是否决定增建车间，这笔费用都无法收回，与公司未来的总现金流量无关。

3.不要忽视机会成本

在选择投资方案时，选择其中的任何一个，都必须放弃投资其他方案的机会，那其他投资方案可能产生的收益就是实行所选方案的代价，也就是机会成本。

机会成本不是平常所说的成本，不是费用或支出，而是可能失去的收益，这种收益不是实际发生的，而是潜在的。

案例

接上一案例，企业在增建车间的投资项目中，需要使用一块土地。在进行投资分析时，存在一个疑问：因公司无须动用资金去购买土地使用权，所以为购买该土地使用权付出的成本是否是机会成本？

是机会成本，因为这块土地不用来兴建车间，就会移作他用并取得收入。正是因为兴建车间才放弃了移作他用取得的收入，这笔收入就是兴建车间的机会成本。

6.2.3 如何编制企业现金预算

现金预算是规划预算期内现金收入、支出与资金融通的一种财务预算，如表6-4 所示。

表6-4　现金预算

预算公司：　　　　　　　预算年度：××××年度　　　　　单位：万元

项目	1月	2月	3月	4月	5月	6月	……	全年合计
期初现金余额								
加：现销或赊销收取现金								
投资收益收取现金								
营业外收入收取现金								
收回投资金额								
处置设备收取现金								
现金收入合计								
减：材料支出								
工资支出								
制造费用								
销售费用								
管理费用								
财务费用								
税费支出								
购置设备支出								
投资支出								
偿还到期债务支出								
期末现金余额								

注：

（1）期初现金余额：来自上年度的期末现金余额，本年度1月的期初现金余额就是上年度期末结转过来的。

（2）现销或赊销收取现金：主要来自销售预算。

（3）投资收益收取现金：包括利息收入和红利收入，主要来自投资产生的现金收益。

（4）材料支出：来自采购和付款环节的现金支出。

（5）工资支出：一般情况下工资支出全部视为现金支出。

（6）制造费用：来源于制造费用预算。制造费用预算是根据车间编制的。将各个车间的制造费用汇总就是总的制造费用，但需要剔除其中折旧部分的非现金支出。

（7）销售、管理和财务费用：都来自各自费用预算中现金支出的部分。

（8）税费支出：来自税费预算中已交的税费。

案例

某公司实行全面预算管理，其在编制现金预算时，因涉及现金收入和现金支出两方面的预算，而且公司现金收支活动涉及生产经营活动和投资、筹资等各个方面，因此现金预算以公司的经营预算和投资预算作为基础。

现金收入预算包括营业现金收入和其他现金收入，其中营业现金收入是现金收入的主要来源。为了简化计算，销售预算分季度编制，该公司的销售预算如表6-5所示。

表6-5 销售预算

项目	第一季度	第二季度	第三季度	第四季度	预算合计
预计的销售量 / 件	1 250	2 000	2 750	2 000	8 000
预计的销售价格 / （元 / 件）	400	400	400	400	400
销售收入 / 元	500 000	800 000	1 100 000	800 000	3 200 000

预计的销售量是根据市场预测和销售合同并结合企业的生产能力确定的。预计的销售价格是通过决策确定的。销售预算还包括应收账款预算。应收账款预算是编制现金预算必备的资料。该公司的应收账款预算如表6-6所示。

表6-6 应收账款预算

单位：万元

季度	应收数	实收数			
		第一季度	第二季度	第三季度	第四季度
期初应收数	186 000	186 000			
第一季度	500 000	200 000	300 000		

季度	应收数	实收数			
		第一季度	第二季度	第三季度	第四季度
第二季度	800 000		300 000	500 000	
第三季度	1 100 000			440 000	660 000
第四季度	800 000				320 000
全年现金实收合计		386 000	600 000	940 000	980 000
期末应收数		480 000			

注：

（1）公司第一季度的现金收入包括上年应收账款结转过来的以及本季度可以收到的货款。

（2）公司每季度销售收入回款中，本季度可收到 40% 的现金，剩余的 60% 要到下季度才能收回。

对于现金支出的预算，将生产成本与销售成本放在一起，其中生产成本的预算是将直接材料预算、直接人工预算和制造费用预算进行汇总。

成本预算综合反映了公司生产和销售成本的状况，是财务预算的重要组成部分。而销售成本则是在生产成本预算的基础上加上期初产成品存货成本减去期末产成品存货成本。

该公司成本预算与销售预算如表 6-7 所示。

表 6-7　成本预算与销售预算

单位：元

项目	第一季度	第二季度	第三季度	第四季度	全年合计
直接材料	186 000	276 000	348 000	259 800	1 069 800
直接人工	91 500	136 500	172 500	128 400	528 900
变动制造费用	91 500	136 500	172 500	128 400	528 900
生产成本合计	369 000	549 000	693 000	516 600	2 127 600
加：期初产成品存货成本	28 500	44 250	60 000	44 250	28 500
减：期末产成品存货成本	44 250	60 000	44 250	31 650	31 650
销售成本合计	353 250	533 250	708 750	529 200	2 124 450

销售费用是实现销售预算所支出的费用。管理费用是为了处理好管理业务所发生的费用，管理费用一般属于固定成本。该公司销售费用和管理费用预算如表6-8所示。

表6-8　销售费用和管理费用预算

项目	第一季度	第二季度	第三季度	第四季度	全年合计
预计的销售量 / 件	1 250	2 000	2 750	2 000	8 000
单位变动销售费用 / 元	30	30	30	30	30
变动销售费用合计 / 元	37 500	60 000	82 500	60 000	240 000
固定销售及管理费用 / 元	100 000	100 000	100 000	100 000	400 000
合计 / 元	137 500	160 000	182 500	160 000	640 000
减：折旧费 / 元	23 500	23 500	23 500	23 500	94 000
现金支出金额 / 元	114 000	136 500	159 000	136 500	546 000

最后，该公司汇总的现金预算如表6-9所示。

表6-9　现金预算

单位：元

项目	第一季度	第二季度	第三季度	第四季度	合计
期初现金余额	105 000	132 000	129 075	92 360	458 435
加：销售现金收入	386 000	600 000	940 000	980 000	2 906 000
可供使用现金合计	491 000	732 000	1 069 075	1 072 360	3 364 435
减：各项支出					
包括：直接材料	186 000	276 000	348 000	259 800	1 069 800
直接人工	91 500	136 500	172 500	128 400	528 900
制造费用	192 750	237 750	273 750	229 650	933 900
销售及管理费用	114 000	136 500	159 000	136 500	546 000
所得税	36 000	36 000	36 000	36 000	144 000
支出合计	620 250	822 750	989 250	790 350	3 222 600
现金盈余或不足	-129 250	-90 750	79 825	282 010	141 835
向银行借款	150 000	100 000			250 000
支付利息（年利率2%）			19 500	7 500	27 000
期末现金余额	20 750	9 250	60 325	274 510	364 835

6.3 利润表预算

利润表预算主要用来综合反映企业在预算期内的预计经营成果，是财务预算中非常重要的一项。企业通过编制利润表预算，可以充分了解预期的盈利水平。

6.3.1 如何编制利润表预算

利润表预算就是将利润作为出发点，对企业预算期间的经营成果进行预测。企业可以与行业内其他企业进行比较，从而对预算年度的利润做出合理的预算，并以此为基础，将利润表预算层层分解，变为收入、成本和费用的预算。利润表预算如表 6-10 所示。

表 6-10 利润表预算

预算公司：　　　　　　　　　预算年度：××××年度　　　　　　单位：万元

项目	1月预算金额	1月实际金额	……	12月预算金额	12月实际金额	预算金额合计	实际金额合计
一、主营业务收入							
减：主营业务成本							
减：税金及附加							
二、主营业务利润							
减：管理费用							
减：销售费用							
减：财务费用							
三、营业利润							
加：其他业务利润							
加：投资收益							
加：营业外收入							
减：营业外支出							
四、利润总额							
减：所得税费用							
五、净利润							

收入预算应当与企业的生产经营相匹配。对于制造企业而言，应当根据企业的生产计划进行预算；对服务企业而言，则应当根据服务项目或经营门店进行预算。在进行收入预算时还要结合企业所处的市场行情、经济政策等进行多方面的综合考虑。

而成本费用的发生是与企业的收入相匹配的。所以应当在收入预算的基础上，对成本费用进行预算。

除此之外还要对企业的税金和营业外收支进行合理的预算。编制利润预算时，要有全局观念，不能仅仅关注每个预算项目，还应该关注每个项目在整个预算中的比重。

6.3.2 如何编制税金预算

税金预算实际上是企业利用价值形式，对企业经营活动进行控制的一种管理，对预算年度的税金有一个全方位的安排，反映企业应交税金的一种预算情况，也是对预算年度的税金使用和计算的一种规划。

每个企业的营业模式不同，涉及的税种以及金额也会有所不同。

截至 2022 年，我国共有 18 个税种，有些税，如车辆购置税、耕地占用税并不影响利润，而是直接随车辆或土地使用权计入资产价值；大部分税则会影响当期利润，如城市维护建设税（简称城建税）、车船税、房产税；还有些税的纳税义务人并非企业，但企业有代扣代缴或者代收代缴的义务，那也会影响到企业的资金管理，对预算较细致的企业，可以将这一部分也纳入预算管理；增值税属于价外税，比较特殊，看起来不影响利润，但一旦增值税的发票管理不到位，企业需要承担相应的税款。

在设计税金预算时，可以参考表 6-11。

表 6-11　税金预算

预算公司：　　　　　　预算年度：××××年度　　　　　单位：万元

序号	项目	税费名称	1 月	2 月	3 月	……	预算合计
1	影响利润或资产的税费	消费税					
2		城建税					
3		教育费附加（含地方教育附加）					
4		城镇土地使用税					
5		车船税					
6		房产税					

续表

序号	项目	税费名称	1月	2月	3月	……	预算合计
7	影响利润或资产的税费	印花税					
8		车辆购置税					
9		企业所得税					
10		……					
11		小计					
12	不影响利润或资产的税费	增值税					
13		个人所得税					
14		小计					
15		合计					

案例

位于市区的某化妆品销售公司，要求财务部门根据各部门预算，对本年度的税金情况进行预算，其汇总的税金预算如表6-12所示。

表6-12 某化妆品销售公司税金预算

单位：万元

序号	项目	税费名称	1月	2月	……	12月	预算合计
1	影响利润或资产的税费	消费税	2.3	2.5		3.1	38.7
2		城建税	0.64	0.62		0.72	8.59
3		教育费附加（含地方教育附加）	0.46	0.44		0.52	6.14
4		城镇土地使用税	0.8	0.8		0.8	9.6
5		车船税	0.45	0.45		0.45	5.4
6		房产税	0.12	0.12		0.12	1.44
7		印花税	0.32	0.34		0.48	4.8
8		车辆购置税					
9		企业所得税	12.4	13.1		15.6	168
10		小计	17.49	18.37		21.79	242.67

续表

序号	项目	税费名称	1月	2月	……	12月	预算合计
11	不影响利润或资产的税费	增值税	6.8	6.3		7.2	84
12		个人所得税	0.17	0.23		0.26	3
13		小计	6.97	6.53		7.46	87
14	合计		24.46	24.9		29.25	329.67

表 6-12 中各项税费的解释如下。

（1）消费税：根据高档化妆品的销售收入（不含增值税）计算得出，全年消费税的预算金额为 38.7 万元。

（2）城建税：根据预算的增值税和消费税作为计税依据，同时公司位于市区，税率为 7%，计算得出全年的预算金额为 8.59 万元。

（3）教育费附加（含地方教育附加）：与城建税的计税依据相同，教育费附加和地方教育附加税率分别为 3% 和 2%，全年的预算金额为 6.14 万元。

（4）城镇土地使用税：按照公司所占用土地的面积计算，全年预算的金额为 9.6 万元。

（5）车船税：对公司所有的车征收的税，全年预算的金额合计 5.4 万元。

（6）增值税：销售化妆品形成的销项税减去购进化妆品的进项税得出，全年预算金额为 84 万元。

（7）个人所得税：对员工工资超过起征点的部分缴纳的税金，全年预算金额为 3 万元。

6.3.3 如何归集销售费用预算

销售费用预算是为了实现销售预算目标所需支付的费用预算的集合，以销售预算为基础，分析销售收入、销售利润与销售费用的关系，力求销售费用最有效、最合理地使用。

销售费用预算通常是企业最早需要确定的项目，是企业经营的重要控制工具，在销售预算中占有重要地位。销售费用预算不仅包括销售部门的预算还包括其他部门中关于销售费用的预算。此处的销售费用预算是企业所有部门销售费用的集合。

每个企业的销售模式不同，费用项目以及金额也会有所不同，但在设计销售费用预算时，都可以参考表 6-13。

表 6-13　销售费用预算

预算公司：　　　　　　预算年度：××××年度　　　　　单位：万元

分类	项目		1月	2月	3月	……	预算合计
固定费用	销售人员费用	人工薪酬					
		福利费					
		保险费					
		……					
		小计					
	办公经费	交通费					
		通信费					
		培训费					
		招待费					
		办公费					
		租赁费					
		折旧费					
		修理费					
		……					
		小计					
变动费用	奖金						
	客户返利						
	广告宣传费						
	运费						
	燃料费						
	……						
	小计						
合计							

销售费用预算可包含固定费用预算和变动费用预算两部分内容，固定费用预算就是实现产品销售所需要支付的固定销售费用的预算。变动费用就是实现产品的预算销量所需要支付的变动销售费用的预算。变动费用预算以预计的销售量为基础，分项目进行确认。

归集销售费用预算的注意事项如下。

（1）固定费用预算可以借鉴以往年度的数据，以前年度的数据比较有参考性。

（2）要注意协作，销售费用预算不仅包括销售部门的预算，还包括其他部门中关于销售费用的预算。

（3）预算中要有投入产出的明细，要合理安排产品进入市场的次序，合理分配资源。

6.3.4　如何归集管理费用预算

管理费用预算是企业经营过程中的一项管理工具。通过该工具，企业可以清晰地发现在预算执行过程中聘用了多少员工，支付了多少薪资报酬，承担了哪些管理费用，这些费用的支出标准和预算金额又分别是多少。

每个企业的管理模式不同，费用项目以及金额也会有所不同，但在设计管理费用预算时，都可以参考表 6-14。

表 6-14　管理费用预算

预算公司：　　　　　　预算年度：××××年度　　　　　　单位：万元

序号	项目		1月	2月	3月	……	预算合计
一	人员费用	人工薪酬					
		福利费					
		保险费					
		……					
		小计					
二	办公经费	办公费					
		通信费					
		水电费					
		培训费					
		招待费					
		折旧费					

续表

序号	项目		1月	2月	3月	……	预算合计
二	办公经费	修理费					
		……					
		小计					
合计							

案例

某公司在编制管理费用预算时，先让各行政部门编制了各自的预算，然后由财务部门对数据进行整理后，编制管理费用预算，见表6-15。

表6-15 管理费用预算

序号	项目		1月	2月	3月	……	12月	预算合计
一	人员费用	人工薪酬	12.2	12.2	12.2		12.2	146.4
		福利费					12	12
		保险费		0.3				6
		小计	12.2	12.5	12.2		24.2	164.4
二	办公经费	办公费	13.4	13.7	13.4		25.4	178.8
		通信费	0.1	0.1	0.1		0.1	1.2
		水电费	0.04	0.04	0.04		0.04	0.48
		培训费			0.2			0.4
		招待费		0.1				0.5
			0.1	0.1	0.1		0.1	1.2
		折旧费	0.15	0.15	0.15		0.15	1.8
		修理费						
		其他费用	0.1	0.1	0.1		0.1	1.2
		小计	13.89	14.29	14.09		25.89	185.58
合计			26.09	26.79	26.29		50.09	349.98

为了保证对会计核算的业务内容进行清晰的分类和归集，做到每项业务都能找到对应的预算项目，同时也为了让预算编制负责人和会计人员都能准确、快速

处理，每一项费用的名称均应有相关的解释说明，说明内容如下。

1. 人员费用

（1）人工薪酬，全年（下同）预算金额为 146.4 万元，包括管理部门员工的基本工资、绩效奖金和各种工资类补贴。

（2）福利费，预算金额合计为 12 万元，包括管理部门员工的过节费、餐饮费、生日福利等。

（3）保险费，预算金额合计 6 万元，主要是管理部门员工社保中由企业承担的部分，以及员工的补充养老保险、商业险等。

2. 办公经费

（1）办公费：预算金额合计 178.8 万元，主要是购买办公用品的费用、外部打印费用等。

（2）通信费，预算金额合计 1.2 万元，主要是管理部门办公电话和员工的电话补贴。

（3）水电费，预算金额合计 0.48 万元，包括由管理部门承担的水电费用，不包括车间等生产部门在生产过程中产生的水电费用。

（4）培训费，预算金额合计 0.4 万元，是管理部门支付的员工培训费，主要包括聘请讲师的费用、培训资料和场地等的费用。

（5）招待费，预算金额合计 0.5 万元，是管理部门招待客户所支付的费用，包括餐费和酒水费等。

（6）折旧费，预算金额合计 1.8 万元，是管理部门所使用的计算机、空调和打印机等设备的折旧金额。

（7）修理费，主要是管理部门发生的场所维修、设备维修费用。

在企业预算管理过程中，每个部门都是一个利润中心，即便看似未创造价值的后勤部门也是利润中心。每个部门负责人应该制订本部门的工作计划，要承担起管理费用预算的责任。

6.3.5　如何归集财务费用预算

财务费用预算是企业经营过程中的一项重要资金辅助管理工具。财务费用清楚地记录了企业经营过程中通过筹资或者其他方式筹集资金付出的代价，如支付了多少手续费、承担了哪些利息费用，以及投资获得的收益。

每个企业获取资金的模式不同，费用项目以及金额也会有所不同，但在设计财务费用预算时，都可以参考表6-16。

表6-16　财务费用预算

预算公司：　　　　　预算年度：××××年度　　　　单位：万元

序号	类型	列支项目	项目	1月	2月	3月	……	预算合计
一	贷款利息支出	计入财务费用	××贷款利息					
			……					
			小计					
		计入在建工程	××贷款利息					
			……					
			小计					
		贷款利息支出小计						
二	存款利息收入	计入财务费用	活期存款					
			定期存款					
			……					
		存款利息收入小计						
三	其他财务费用	计入财务费用	汇兑损益					
			手续费					
			承兑贴现利息支出					
		其他财务费用小计						
四	财务费用合计							

案例

接上一案例，企业同样也对财务费用进行了具体的归类，其财务费用的部分费用分类内容如下。

1. 贷款利息支出

（1）直接计入财务费用的利息支出。

①利息支出费：偿还金融机构贷款而支付的贷款利息。

②担保费：办理贷款时，需要支付。

③抵押 / 质押费：办理贷款时，需要支付。

④贴现费用：银行票据等由于未到期提前贴现而支付的费用。

⑤融资注入固定资产费用。

2. 计入在建工程的利息支出。

这部分利息是直接资本化计入在建工程的利息支出，是贷款金额在工程建设期间产生的利息费用。

2. 存款利息收入

（1）活期存款利息，主要是指企业的活期存款或从银行购买理财产品产生的利息。

（2）定期存款利息，企业的一定期限存款所获取的利息收入。

3. 其他财务费用

（1）手续费，包含汇款手续费（网银汇款时支付的费用）、账户管理维护费（回单柜费用、网银费用、U盾/K宝年费）、银行开户销户费（开户、销户费用）以及银行票据手续费等。

（2）汇兑损益，主要指向银行结售或购入外汇而发生的收益或损失。

6.3.6 如何归集非经营性收支预算

非经营性收支也就是与企业日常经营没有直接关系的各项收支，主要是企业营业外收入和营业外支出。其虽然与企业的经营没有直接的关系，但同样也能为企业带来收入或形成企业的支出，进而增加或减少企业的利润。非经营性收支预算如表6-17所示。

表 6-17 非经营性收支预算

预算公司：　　　　　　　预算年度：××××年度　　　　　单位：万元

序号	项目	1月	2月	3月	……	预算合计
一	营业外收入					
1	固定资产盘盈					
2	处置固定资产净收益					
3	政府补助					
4	捐赠利得					
5	罚款收入					
6	无法支付的应付款项					
7	其他					
8	营业外收入小计					
二	营业外支出					
1	固定资产盘亏					
2	处置固定资产净损失					
3	捐赠支出					
4	罚款支出					
5	非常损失					
6	其他					
7	营业外支出小计					
三	营业外收支净额					

案例 〔

　　某科技公司主营研发各种高科技产品，其财务部门编制的非经营性收支预算如表 6-18 所示。

表 6-18 某科技公司非经营性收支预算

单位：万元

序号	项目	1月	2月	……	12月	预算合计
一	营业外收入					
1	政府补助	15	8		10	100
2	捐赠利得	3			9	24
3	无法支付的应付款项		8			10
4	其他	1			5	7
5	营业外收入小计	19	16		24	141
二	营业外支出					
1	固定资产盘亏					
2	处置固定资产净损失					
3	捐赠支出	10				40
4	罚款支出	3			9	15
5	非常损失		2			5
6	其他	3				5
7	营业外支出小计	16	2		9	65
三	营业外收支净额	3	14		15	76

注：

（1）政府补助：公司中的一些项目符合国家政策补贴的标准，可以申请到补助资金，预算年度合计补贴金额为 100 万元。

（2）捐赠利得：设备公司提供的科技设备，设备预算合计金额为 24 万元。

（3）无法支付的应付款项：存在部分小额的供应商破产或其他情况使公司部分货款无须支付，全年预算无须支付的款项合计金额为 10 万元。

（4）捐赠支出：公司向福利院或附近的学校捐赠的日常用品，全年预算捐赠金额为 40 万元。

（5）罚款支出：缴纳的税款滞纳金以及日常罚款等，预算合计金额 15 万元。

第7章

全面预算执行控制

"三分战略，七分执行"，预算编制得再好，要是无法有效实施，那也终究是白费力气。预算管理将经营目标层层细分、落实，就是为了便于企业将长期的战略规划与预算目标紧密结合，从而确保预算目标的实现。而预算目标实现的关键在于能够按照预定的方式严格执行预算，所以对预算执行的控制非常重要。

7.1 全面预算的审批

全面预算在企业内部高效地实施，关键在于预算审批的效率，审批占用的时间短，预算执行会有充足的时间，执行效率也会有所提高。但预算审批不能一味地求快，而忽略审批的质量。

7.1.1 全面预算审批的流程

预算需要企业内部层层审核，主要审核全面预算的目标、内容、执行程序等是否与企业的实际情况相符，考核是否公平、公正等。预算审批流程如表 7-1 所示。

表 7-1 预算审批流程

序号	审批流程	流程解释
1	上报	根据企业预算目标制定预算方案，形成预算草案，并上报预算管理委员会。预算草案主要包括预算的编制说明，该编制说明需要对预算内容进行详细的解释，并附相关文件
2	审查	由预算管理委员会负责对预算草案进行审查，审查预算草案是否符合企业发展战略、整体目标，是否真实反映企业预算期内经济活动规模、成本费用水平等
3	批准	预算管理委员会将审查过的预算草案，上报企业董事会批准
4	下达、执行	董事会根据预算管理委员会上报的草案，召开董事会商议，确认无误后，下达企业各部门执行

预算审批原则如表 7-2 所示。

表 7-2 预算审批原则

序号	审批原则	原则解释
1	完整性	审批预算管理环节、预算内容是否完整，是否进行了经营、投资、筹资及财务预算，预算执行、控制等程序是否缺失
2	逻辑性	经营预算是编制所有预算的起点，在经营预算的基础上对其他项目进行预算

序号	审批原则	原则解释
3	合理性	预算的编制是否依据企业的实际生产经营现状，是否考虑了市场、政策等的影响
4	匹配性	预算是否与企业的发展战略、经营目标相匹配，是否与企业的实际情况相匹配

7.1.2　如何制作企业的预算审批单

一些涉及金额大的重要项目在进入预算执行阶段要时刻被控制。在执行预算之前必须填写预算审批单，确保预算审批有据可查。预算审批单如表 7-3 所示。

表 7-3　预算审批单

单位名称		预算项目申请部门	
预算项目名称		预算项目种类	
项目预算金额（是否含税）		项目发起人	
项目起止时间		预计使用时间	
项目概述			
项目经济效益分析及投资回收期			
项目部门负责人意见： 签字： 时间：　年 月 日			
财务部门负责人意见： 签字： 时间：　年 月 日			
总经理意见： 签字： 时间：　年 月 日			
预算管理委员会意见： 签字： 时间：　年 月 日			

案例

某公司实行全面预算管理，公司各部门都制定了详细的预算目标，但在实际执行过程中为了预算能够真正发挥作用，要求各部门对一些资金较大的预算必须提交预算审批单，公司管理层审批确认无误后方可实施。

部分生产设备使用时间较长，生产效率较低，同时市场上存在一些新的机器设备，不仅生产效率高，而且生产的产品相比竞争者的质量更好，设备的购买价格也在预算中，因此生产部门决定更换设备，便提交了预算审批单，如表7-4所示。

表7-4 生产部门预算审批单

单位名称	×× 有限公司	预算项目申请部门	生产部门
预算项目名称	生产设备更换	预算项目种类	固定资产
项目预算金额（是否含税）	10 万元（是）	项目发起人	生产部门部长
项目起止时间	2022 年 3 月	预计使用时间	
项目概述	因生产车间的生产设备使用年限较长，设备经常需要维修，同时设备的生产效率低，浪费严重，为了解决这个问题，需要购进一批新设备，该新设备生产的产品质量高，生产效率高，且该设备前期的建设仅需一年时间，第二年便可运行		
项目经济效益分析及投资回收期	新设备的产出率高，此次更换预计能节约 2 万 ~3 万元的成本，同时相比旧设备可每月超额生产 2 000~4 000 件产品		
项目部门负责人意见：	签字： 时间： 年 月 日		
财务部门负责人意见：	签字： 时间： 年 月 日		
总经理意见：	签字： 时间： 年 月 日		
预算管理委员会意见：	签字： 时间： 年 月 日		

7.2 全面预算的执行

全面预算的执行，是把预算从计划变成现实的具体实施步骤。预算执行是实现预算目标的关键步骤，也是全面预算管理的中心环节。

7.2.1 全面预算管理由谁负责

全面预算管理的组织应当包含全面预算管理的决策机构、管理机构、执行机构和监督机构，承担预算的编制、审批、执行、调整、分析及考核等一系列的预算管理活动，机构的顺利运行是全面预算管理有序开展的基础。全面预算管理的组织如图 7-1 所示。

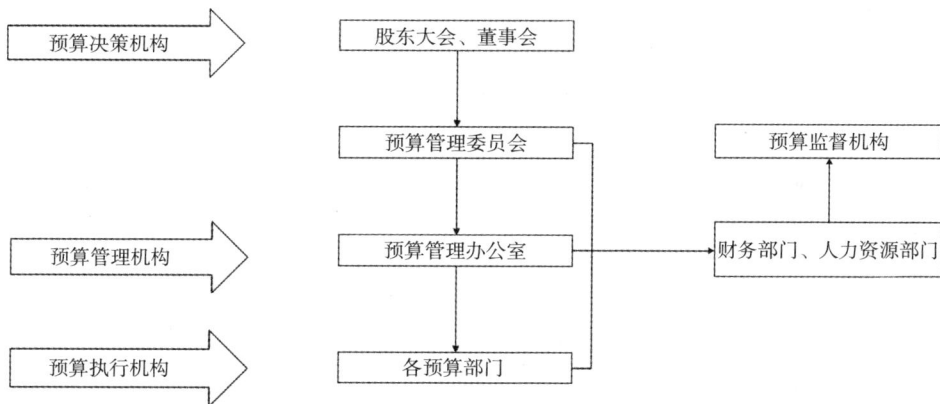

图 7-1　全面预算管理的组织

股东大会、董事会是最高的权力机构，处于核心地位，主要职责是审议批准全面预算管理的方案，确保预算管理的客观、公正。

预算管理委员会在董事会的授权下，决定和处理全面预算管理的重大事宜，主要职责是制定预算指标、预算管理制度，审查各部门编制的预算草案并提出修改意见。

预算管理办公室负责组织、协调预算管理的监控工作，汇总监控结果，若出现重大差异则及时处理或召开协调会。

各预算部门作为预算的执行部门，主要包括销售部门、生产部门等，制定预算执行的具体方案和措施，在授权范围内合理配置预算执行所需要的资源，严格按照预算目标组织经营活动，并如实向上级报告预算执行情况。

财务、人力资源部门作为预算管理的监督部门，对预算管理的各个环节有检查权和质询权，对反映预算执行过程和结果的信息进行检查。财务部门的主要职责是监控预算执行活动中的资金流动、会计核算。人力资源部门的主要职责是负责组织各预算执行部门的综合考评，并根据考评结果制定奖惩兑现的方案。

7.2.2 全面预算管理保障体系

全面预算管理作为企业管理的一种模式，要确保其发挥作用，企业的内部控制环境就是全面预算管理的实施保障。企业的内部控制环境包含发展战略、组织架构、人力资源、企业文化、社会责任等方面。

1. 发展战略

企业的发展战略说明了企业未来的发展目标及方向。企业的预算管理目标必须与企业的发展战略相一致。预算管理目标若脱离企业的发展战略，容易造成企业的发展脱离实际，甚至造成企业的经营失败。

2. 组织架构

健全以及稳定的组织架构对预算管理起到保障作用。企业内部机构设计不科学、权责分配不合理，或者机构重叠、职能交叉或缺失、推诿扯皮，都会造成预算管理效率低下。

3. 人力资源

人才是企业发展的重要资源，预算管理需要人才支持。企业应根据预算执行情况对相关人员进行考核，对优秀者进行物质奖励。物质奖励更能激发员工的积极性和主动性，对企业预算目标的实现起到一定的推动作用。

4. 企业文化

积极的企业文化，可以增强员工对企业的信心和认同感，提高企业的凝聚力和竞争力。优良的企业文化还能带动团队创新，促进成员协作，树立企业良好的信誉。企业文化是除物质奖励之外，能推动企业预算管理的重要工具。

5.社会责任

处在大环境下，企业要对社会负责、对自己的产品负责，对产品的质量要严格把关，产品质量低劣，不仅会侵害消费者利益，还可能导致企业巨额赔偿、形象受损，甚至破产。企业要在保证产品质量的情况下，对成本费用预算等进行控制，达到企业预算管理的目标。

7.2.3　编写全面预算执行报告

全面预算执行报告是对各部门执行预算情况的总结。全面预算执行报告一般为书面报告。全面预算执行报告应包含如下内容。

1.预算执行的环境分析

详细分析企业所处的内外部的经营环境以及所处行业的动态发展变化，对预算执行情况进行总结分析。

2.主要经济指标预算执行情况的分析

（1）行业指标的执行情况分析。主要分析预算完成的情况，同时将预算完成情况与以前年度的预算完成情况进行比较，评价预算执行的质量。

（2）经营预算执行情况的分析。

①产品销售预算执行情况分析。主要对行业的市场情况、产品的销售量和销售价格进行分析，同时还要分析竞争对手的规模、产品的优势和劣势。

②产品生产预算执行情况分析。

a.原材料的成本分析，主要包括原材料单位消耗量的差异分析、原材料的价格分析。

b.人工成本分析，主要分析预算差异产生原因，同时还要对比分析各月人工成本。

c.制造费用分析，分析差异产生原因，同时对制造费用进行环比分析。

③费用预算执行情况分析。

a.销售费用的分析，主要了解销售费用的变动趋势。

b.管理费用的分析，主要为及时发现管理费用异常情况，确保预算的正确性。

c.财务费用的分析，主要对因利率或本金金额的变化，所带来的影响程度进行分析。

④利润表预算执行情况分析。主要对利润目标完成进度进行分析。

3. 投资、筹资预算执行情况分析

（1）预算年度投资、筹资预算执行的总体情况分析。

（2）重大投资项目的预算执行情况说明，以及预算执行产生差异的原因分析。

（3）筹资项目的预算执行情况的分析，以及筹资产生差异的情况分析。

7.3 全面预算的调整

在大数据时代，每天都在发生着不同的变化，全面预算也不是一成不变的。随着企业经营活动或企业其他方面的变动，全面预算也会变得不适用，需要对全面预算进行一些调整。全面预算调整需要实现预算内指标之间的平衡和同一指标在不同期间的平衡。

7.3.1 如何达到启用预算调整的条件

全面预算管理是企业为了实现发展战略目标制定的科学方法，是与企业实际经营现状相匹配的。但企业所处的环境、国家政策等都是不断改变的，所以全面预算管理也不是一成不变的，是随着企业的发展而不断调整、修正的。

预算调整必须按照全面预算管理规定的调整方式进行，同时预算调整根据不同的情况也会有不同的调整方案，所以必须满足一定的客观条件才可以进行。企业预算调整的原因主要包含以下几点。

（1）国家的政策法规发生重大变化，导致预算基础不成立或者预算结果发生重大的偏差。比如国家加强了环境保护，废弃物必须达到规定的标准才可以排放，这无疑增加了企业的成本费用，企业对成本费用的预算也要适当增加。

（2）市场环境、经营条件或经营方针发生重大变化，导致原有预算对实际经营环境不再适用。比如市场上出现了新的竞争者，其生产的产品在质量、性能等方面都略胜一筹，直接影响了企业产品的销量。

（3）企业内部组织结构出现重大调整，致使原有预算无法适应新的组织结构。比如核心人员的调动或离职、企业的合并或分立等，都会对预算有很大的影响。

（4）自然灾害、意外灾害等不可抗力事件的发生，导致无法实现原有预算目标，比如洪水导致企业停工停产。

在进行预算调整时，需要注意的事项包括：预算调整的事项要围绕企业的发展战略和经营目标，不能脱离企业的发展战略和经营目标；应当调整对企业的发展有重大影响的事项，对于影响程度低或非重要事项造成的变化，则无须进行预算调整。

7.3.2 如何设置预算调整权限

预算调整大多是非正常事件导致的，并且涉及范围广，对企业的各部门都有不同程度的影响，甚至还会引起一系列的连锁反应，因此预算调整必须谨慎。调整的权限要严格控制，避免预算被无序调整。那究竟该如何设置预算调整权限？

为了避免企业高层独揽权力，同时也为了保证预算管理的公正性，预算管理委员会要审批预算调整，审查预算是否需要调整、如何调整。

预算调整的程序如下。由各预算部门提出预算调整的申请，填写预算调整审批单，应当注明本次预算调整的原因以及调整金额，并将其提交财务部门。如果提交的预算调整审批单中只有主观原因，缺乏客观事实依据，则财务部门不予接收。符合要求的预算调整审批单经财务部门核查并确认调整金额，形成预算调整草案，并将草案上交预算管理委员会，由预算管理委员会审核是否执行预算调整并下达是否执行的批复。

预算调整不可越级审批，各部门需要逐级上交预算调整审批单。预算调整审批单如表7-5所示。

表 7-5　预算调整审批单

单位名称		预算调整申请部门	
预算调整项目名称		预算项目种类	
预算调整申请人		预算调整的截止时间	
原预算的相关信息			
调整的原因			
申请调整的相关数额			
调整后相关指标的变化情况			
预算部门的意见：			
财务部门的意见：			
预算管理委员会的意见：			

7.3.3　如何设计预算调整流程

预算调整必须按照一定的程序进行。预算调整的程序主要包含三部分：首先由预算部门分析调整的原因，并提交预算调整审批单；其次由财务部门审核并形成预算调整草案；最后交由预算管理委员会审批。预算调整流程如图 7-2 所示。

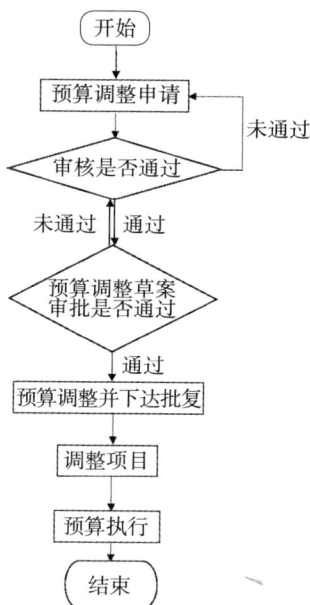

图 7-2　预算调整流程

预算调整流程解释如表 7-6 所示。

表 7-6　预算调整流程解释

序号	调整流程	流程解释
1	申请	出现预算差异需要进行调整时，预算部门应当向相关部门或组织提交预算调整的申请，在申请中应当注明调整的原因（是客观因素导致的预算差异还是企业内部因素造成的差异），以及预算调整的相关数据
2	审核	预算管理委员会收到预算调整申请，应当安排财务部门进行审核，审核调整的内容、范围等，并对调整内容进行调查、论证，编制预算调整草案，并上报预算管理委员会
3	审批草案	预算管理委员会应当对提交的预算调整草案进行审批，确保预算调整与企业的发展战略相契合
4	下达批复	审批无误后，预算管理委员会应当下达预算调整的批复文件
5	调整项目	预算部门应当按照批复文件，对预算进行实际调整

7.4 全面预算的控制

全面预算的控制就是企业结合整体目标调配资源，确保预算的执行结果与预算目标相符合，同时随时提供信息，便于及时修正预算产生的偏差。

7.4.1 如何确定预算控制的范围

全面预算管理是闭环的。预算在执行过程中，如果没有控制，那预算执行难免会与企业的发展战略偏离，甚至违背企业的发展战略。因此需要对企业的预算执行进行合理的控制，以确保预算按照要求执行。

对企业预算执行的控制，应当坚持自上而下，由上级对下级的预算执行情况进行控制。

一个环节缺失管控，其他环节就很难执行下去，预算管理委员会作为最高的监控主体，负责对预算的编制、执行、调整、考核，以及预算的业务和相关数据进行全面控制。

上级对下级的控制，主要是对业务的控制，保证业务项目按照既定预算执行，确保企业预算管理渗透到生产经营的每个过程、每个环节和每个岗位。

财务部门主要负责对预算数据进行控制，确保预算执行过程中有充足的资金支持，避免资金短缺造成预算执行的滞后或停止。

明确预算控制范围，可确保预算按照要求执行，减少预算差异。

7.4.2 如何制定预算控制的程序

在实行预算管理的过程中，企业内外部的因素是不确定的，其中任何一个因素的变化都会使预算在执行过程中不可避免地受到影响。为了时刻关注预算的执行情况，企业就需要制定一套预算控制的程序，保证企业完成销售收入预算，并将成本支出等项目控制在预算范围内。

一个合格的预算控制程序应该从确定预算目标开始，预算控制程序也是系统化的过程。

1. 拟定目标，编制预算

确定预算目标是预算控制的起点，预算目标指明了企业在预算管理期间的发展目标与方向。明确预算目标，各部门才能够合理编制各项具体的预算事宜。预算以数量化的方式表明目标，更有助于评价工作开展。

2. 责任分解

预算目标分解的过程就是落实责任的过程，将预算目标逐级分解到各预算部门，直到部门负责人。预算目标落实工作的顺利，一定程度上也取决于企业预算组织结构的合理性和责任划分的清晰性。

3. 报告业绩，纠正偏差

业绩能够反映出预算部门截至某一时点的预算执行进度，可以从中发现预算执行过程的实际效果和存在的问题、偏离程度以及对整个预算目标的影响。企业应针对差异，查找产生差异的原因，并及时纠正，从而保证预算目标的实现。

7.4.3 经营预算如何进行控制

经营预算不是靠一个部门就可以做好的，也不是靠上级的强制命令就可以做好的。经营预算以市场为导向，需要各部门的同心协力才能做好，所以对经营预算的控制也就格外重要。

对于销售预算的执行应当关注的是销售价格和销售数量，销售价格通常与销售数量成反比。

案例

某手机企业实行预算管理，并将销售预算分解到各个分店。首先，在全市的各家分店都安排了店长，并由店长每天在系统中上传每天的销售量；其次，要求各分店店长建立销售完成计划表，按月汇报计划的完成进度；最后，总公司对分店的完成情况按月进行考核。

对应收账款的控制，应当关注应收账款的周转速度，对应收账款的账龄进行分析，做好坏账准备的计提工作。为了避免产生坏账，应当将情况及时报送相关部门，如有必要应采取停止发货等措施。

对采购预算的控制，则是严格审核每笔业务的备货单，建立供应商业务管理体系，查询入库产品与发票是否一致，并与供应商协调付款时间，争取最优惠的付款方式。根据每天的采购情况，编制采购日报表，向有关部门反映材料的采购、运输、入库等情况。

对生产预算的控制，也就是对直接材料、直接人工和制造费用预算的控制。生产预算受销售预算影响，所以销售预算控制得当，那生产预算自然也有控制得当的保障。

7.4.4　投资、筹资预算如何进行控制

企业编制投资预算的前提是在保证资金正常运转的情况下，还有盈余资金。因企业所处的生命周期或经营规模不同，每个企业承担风险的能力也有所差别。

对投资预算进行控制时，控制的重点在于选择投资方式。因为投资方式不同，投资风险的等级系数也不一样。投资固定资产、设备的风险比投资股票的风险低，所以对投资方式的控制，就是从源头对投资预算进行控制，确保企业资金安全，降低企业的投资风险。

对筹资预算的控制关键在于筹资准备阶段。企业在进行筹资前应当结合企业的实际情况、筹资用途、筹资金额等各方面进行全面的判断，以降低企业的筹资风险。对这一阶段进行控制，就是为了对企业筹资计划进行控制，判断企业的筹资用途是否必要、筹资方案是否合理、筹资方式是否正确等。

经营预算是全面预算管理的起点，投资预算和筹资预算都为经营预算服务。对两者进行控制的目的是一致的，都是为了确保企业经营有充足的资金流。投资预算和筹资预算任何一项控制出现问题，都会影响企业的经营预算，进而影响企业发展战略的实现。

7.4.5　财务预算如何进行控制

财务预算控制的重点在于现金预算的控制。现金是企业的血液，过多和不足的现金都会对企业的生产经营产生影响，尤其是现金不足很容易造成企业的资金流断裂，严重的还会造成企业破产。

对现金预算的控制，可以通过编制现金日报表进行，对每天的现金收入和支出进行详细地记录，控制每日的现金流量，并定期对现金流量进行评估，同时预测下一时期的现金流量。企业应重视现金管理，强化现金预算编制，重视对现金的规划，把对现金预算的控制落实到日常的生产经营中。

对现金预算的控制，要注意平衡性，保证现金收支间的平衡，同时要确保现金收入的金额比现金流出的金额大，一旦支出大于收入，造成入不敷出的局面，就会对企业的经营造成影响，严重的可能导致企业破产。

现金预算是管理现金流量的重要工具，控制现金预算，可以让管理层对企业未来的现金流量有清晰、系统的了解，合理配置资源。

7.5 启动预警机制

完善的预警机制，可以帮助企业减小预算管理的难度，确保预算真正发挥作用。预算执行是动态变化的过程，因此预警机制也是一种动态机制。

7.5.1 对超预算的支出如何控制

企业的预算指标无论制定得多么科学、合理，也无论预算编制过程中考虑得多么周全，总会有一些情况是企业无法预料的。当预料之外的情况发生时，预算超支该怎么处理呢？

预算超支能给企业带来收益时，首先要厘清预算超支的原因，针对不同的原因，采取不同的处理方式。控制预算超支，可以从两方面入手。

1. 能否带来超额的收入

有的企业成本费用超支，是因为收入超额完成，而且当成本费用中变动成本占主要部分的时候，超支的现象格外严重。变动成本在一定的范围内随着销量变动，当销量增加时，生产量也增加，耗费的材料也就更多。

销量的增加带来了收入的增长，同时成本也会随之增加。不仅如此，销量增加还会使企业的销售费用增加，因为企业加大了广告投入，通过广告带来的收入增加，所以销售费用增加是合理的，但要注意企业整体的利润情况，不要因为长时间的促销给企业的品牌带来负面影响。

对于收入超额完成造成的预算超支，要注意掌握度，同时还要综合多种因素进行合理判断。

2. 是否是维持正常经营需要的

超预算的支出不是收入超预算造成的，那就要考虑是否是维持正常经营需要的。比如产品的设计存在侵权导致法律纠纷，需要进行诉讼，企业就需要支付诉讼费和律师费，这时支出是无法避免的，也是预算之外的，是企业不能控制的。因此对超支预算的控制，应当以企业的整体利益为出发点进行合理的控制。

7.5.2 对年中完成预算目标情况如何控制

案例

某保健品销售总公司下设两家分公司，综合考虑两家分公司的地理位置及资源优势，分别对其制定了不同的销售预算目标。其中 A 公司因地处居民区，地理位置优越，同时公司的门店经理经验丰富，积攒了很多客户资源，因此销售预算目标为 400 万元，总公司按月对 A 公司进行考核。

截至 10 月，A 公司已经完成了 400 万元的销售额。按照这个销售进度，本以为 A 公司能够超额完成销售预算目标，但没想到 A 公司却放松下来，不仅不急于销售，反而开始增加费用支出。

其实这种"见好就收"的情况并不是个例。之所以会出现这样的情况，是因为一旦超额完成预算目标，可能会被企业管理者认为制定的预算目标太低，第二年就会在此基础上加码。

这种情况长时间存在会对利润造成很大的影响，为了避免甚至杜绝此种情况，可以将预算目标的完成情况与工资挂钩。

比如 A 公司到了 10 月已经完成既定的销售预算目标，对 11 月和 12 月超额完成的部分，将其与销售经理的年薪挂钩。假设销售经理本来的年薪为 30 万元，但因超额完成销售目标，则可以增加 5 万元。

这种控制方式，在一定程度上可以避免员工出现"见好就收"的情况，"多劳多得"也能提高员工的工作积极性。

7.5.3 各费用之间的张冠李戴情况如何控制

案例

某企业在年度预算总结中发现会议费支出较多，但会议的效果却很一般，便要求将今年的会议费作为预算的重点控制对象，同时还打算今年从招待费中减少5万元，用于增加会议费的预算支出。该公司的处理有何不妥呢？

企业将费用预算在项目之间进行调整，这种操作容易造成预算管理混乱。招待费不够了，从差旅费或其他费用中调一部分，奖金不够了从其他费用中挪一部分，预算管理就会变得混乱。

因此要规范预算管理，避免费用预算在项目之间进行调整，同时还要严格监控费用的使用。

1.完善各项费用预算管理机制

为了确保预算顺利执行，应当完善各项费用预算管理机制。管理机制中应当注明各项费用具体包含的内容，以及费用的详细支出，注明每项支出的原因、金额等，比如会议费要注明会议的目的、参会人数、地点及时间等，对费用进行精细化管理。

2.建立预警机制，强化过程控制

在预算执行过程中，及时收集、整理和分析费用的使用情况。若发现实际费用与预算存在差异的，要分析原因，同时反馈给预算执行者，这样预算执行者能够及时掌握费用的使用情况并合理安排剩余费用的支出。同时还要将费用使用的进度与预计进度相配比，督促预算执行者尽量合理、均衡地使用费用。

3.拓展费用控制思路

建立费用管理制度可以起到监控费用使用的效果，但真正要做到按照预算合理使用费用，还需要部门内员工集思广益，提出各种合理化的建议。比如旅游公司可以与购票网站签订协议，以购买特价机票等方式，节约费用的开支。

第8章

预算结果考核

预算结果考核是对预算执行情况的考核评价。预算考核能够发挥预算的激励和约束作用，落实预算的执行情况。预算考核到位，能够在员工心中形成一种隐形的"条约"，约束员工。

做事有奖有惩才有激励作用，在企业实行预算管理也是如此。对预算执行结果的考核是保障预算管理顺利执行的重要环节，对预算结果的考核是对企业各部门员工预算执行情况的考核，考核时既可以检查和监督部门员工预算工作的落实情况，也可以获取预算执行情况的相关信息，便于及时纠正预算与实际的偏差。预算考核流程如图 8-1 所示。

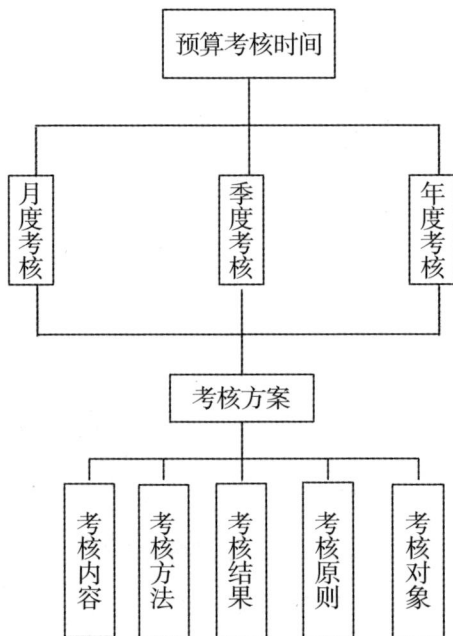

图 8-1　预算考核流程

8.1　预算考核的原则

预算考核是动态的，也是综合性的。在预算考核时，要遵循动态性原则、例外性原则、公平公开原则、总体优化原则。

8.1.1　动态性原则

预算考核要讲究时效性。企业应根据经营管理状况、内外部环境的变化选择合适的考核时点，比如是选择月度考核、季度考核还是年度考核等。只有这样才有助于企业及时纠正偏差、改进管理，确保预算目标的完成。

如果考核不及时，在一段时间内不进行考核，员工难以得到预期的回报，企业也很难维持员工的忠诚度，考核奖惩机制也形同虚设。

案例

某公司将预算目标分解，落实到每个预算部门，并按月对预算目标的进度完成情况进行考核。根据三月的预算目标，按照分解要求，销售部门应实现100万元的预算目标，销售部门加上部门经理，一共6人，按照每人的经验和实力，对分解到的100万元进行了合理的分配。

其中小A在销售部门时间长，积累的客户也多，分得40万元的预算目标。小B实战经验多，也分得40万元的预算目标。三名员工新入职，由部门经理带领，四人共分得20万元的预算目标。月底考核的规则是，按照预算完成的进度，对员工发放奖金，最高奖励1万元。

到月底进行考核时，小A完成了30万元预算目标，小B完成了26万元预算目标，部门经理带领的部分员工完成了预算目标。按照考核标准，小A员工完成了预算目标的75%，当月月底发放7 500元的奖金；小B完成65%，获得奖金6 500元；部门经理带领的员工全部完成，1万元的奖金由部门经理负责分配。

公司按月考核并及时发放考核奖励的方式，激励了员工，公司的生产经营管理水平也有了很大提高。

8.1.2　例外性原则

预算考核还应该遵循不可抗力原则。所谓的"不可抗力"不仅指自然灾害、意外等不可抗力，还包括企业经营者以及经营团队无法控制的市场环境、国家政策以及国际形势的改变。所以企业在进行预算考核时，要充分考虑不可抗力对预算目标的影响，并对预算考核目标进行相应的调整。

案例

某餐饮公司在年终总结会上宣布了下一年度的经营预算，将下一年度的利润预算目标定为 300 万元，并制定了考核标准，对超额利润部分按照 30% 提成分给部门负责人、10% 分给部门人员。

但次年餐饮行业的经营并不是很景气，上半年几乎都没有正常营业，到下半年客户才陆陆续续增多，到年底时发现实际利润只有 160 万元，虽然离预算的利润目标差距 140 万元，但对比同行业数据，意外发现竞争对手的利润远不如本公司。

因此，虽然没有完成预算目标，由于考虑到不可抗力的影响，公司及时调整了考核指标，仍然拿出利润的 20%，也就是 32 万元作为奖励，用来激励各部门负责人及员工下一年继续努力。

正所谓"特殊情况特殊对待"，例外性原则要求将不可控因素的影响考虑在内，以体现出企业预算管理的公正。

8.1.3 公平公开原则

预算考核是全面预算管理的生命线，考核必须严肃，杜绝预算考核的主观性和可操作性，保证预算考核的公平、公开。而所谓的公平就是要对做到相同绩效的员工给予相同的奖励，公开就是考核标准要透明、考核内容要事前公开，考核结果也应在必要的范围内进行公布。

案例

某公司的销售总监，安排自己的外甥小李在自己的部门实习，与小李一起实习的还有小王。

小李因其舅舅是销售总监，在部门工作中得过且过，对部门小组安排的销售任务毫不在乎，但小王却勤勤恳恳，工作效率高，分配的销售任务也能在规定的时间内完成。但在年底进行预算考核时，销售总监却给予小李与小王一样的绩效评价。

销售总监的这番操作，显然违背了公平公开原则。销售总监给予小李与小王同样的绩效评价，这对小王来说是不公平的。

预算考核要坚持公平公开原则，就是为了防止企业内部裙带关系的存在。将预算考核的过程和结果进行公开，很大程度上能够避免类似情况的发生，也能保证预算考核的民主。

8.1.4　总体优化原则

企业实行预算管理是为了提高各部门的积极性和主动性。实现预算目标，保证企业的价值最大化，这就是预算考核的总体优化原则。以企业利益为重，同时兼顾局部利益，以防范某些责任部门因过于强调部门目标而忽视企业整体发展目标。

案例

某公司在内部实行预算管理时，将利润预算目标定为 300 万元，并在企业各部门之间进行了合理的分配，且落实到部门人员。

到年底进行预算考核时，公司发现生产和人力资源部门超额完成预算目标，但销售部门未达到预算目标。虽然从责任部门看，有奖有惩，但从企业的整体利益看，已经完成了制定的利润目标。

总体优化原则要求权衡局部利益与企业利益之间的关系，确保企业的利益最大化。

8.2　预算考核方法及步骤

预算考核不严谨、不合理都可能会导致预算目标难以实现，预算管理流于形式，因此预算考核也要讲究方法，考核方法得当、考核指标科学、考核过程公开透明，预算管理的效果才会令人满意。

8.2.1　如何做到对所有员工进行预算考核

全面预算管理不仅涉及企业的方方面面，而且还要求所有员工都参与进来，怎样才能确保对所有员工进行预算考核呢？

全面预算考核要遵循分级考核的原则。所谓的分级考核就是由预算管理委员会对各预算执行部门进行考核，然后由各部门实际负责人再进行部门内部的考核，同时应当对预算考核的结果进行公开，确保考核的客观、公正。

分级考核的前提就是将企业的预算管理目标进行分解。例如企业将销售预算目标定为 500 万元，下设 5 个销售经理，每人实现 100 万元的销售预算目标。

要按照某一指标进行合理分解，指标可以是客户数量等，选好指标后，按照指标进行分解，然后各负责人将自己分解到的预算目标在部门内部进行二次分解，在进行二次分解时也要按照员工的实际能力或者其他指标进行合理分解，确保合理地将预算目标落实到每位员工身上。

8.2.2 预算考核的具体步骤

预算考核时既要对预算执行过程进行评价，也要分析企业内外部环境以及内部资源的变化对预算执行的影响。借助预算考核，企业应全面分析总体和各部门预算执行结果以及预算目标实现进度，进而进行奖优罚劣。预算考核流程如图 8-2 所示。

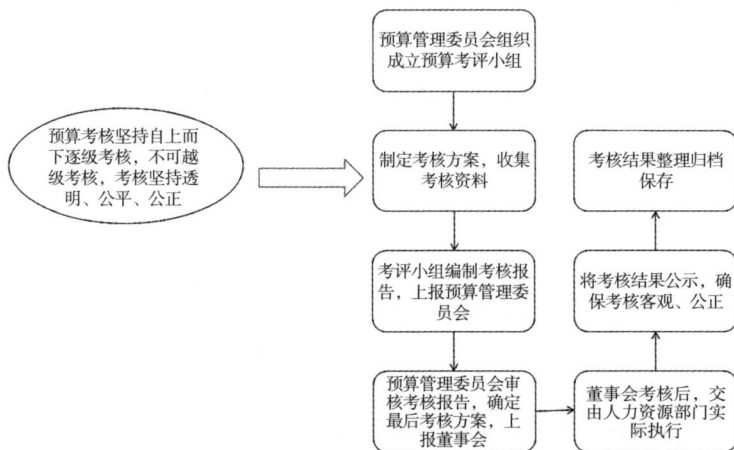

图 8-2 预算考核流程

对预算部门进行考核，有助于激发各部门的积极性和主动性，不仅有助于预算目标的实现，一定程度上也能推动企业的经营发展朝战略目标进行。同时应当监督预算考核的执行，确保预算考核按照审批的方案执行。

8.3 如何对预算执行结果进行考核

预算考核的过程要公开透明、考核的结果要客观公正，这样才能有效发挥考核结果的激励与约束作用。不仅如此，预算考核还要与企业的奖惩机制挂钩，还要确保奖惩及时落实到位。

8.3.1 由谁负责预算考核

预算考核由谁负责，这说的是考核主体的问题。预算考核一般由企业的预算管理委员会及其成员各自所在机构负责。

企业成立预算管理委员会，预算的编制、执行都由预算管理委员会负责，那考核也应由预算管理委员会负责。

通常情况下，预算管理委员会应定期或不定期地召开会议，由各预算部门上报预算工作的执行情况。

预算管理委员会下设预算管理办公室，履行预算管理委员会的日常管理职责和监督考核职责，不仅如此该机构还与其他各预算部门紧密相连。预算考核机构及其职责如表 8-1 所示。

表 8-1 预算考核机构及其职责

组成部门	职责
预算管理办公室	负责组织和领导预算管理考核工作
审计部门	负责对预算考评及奖惩执行方案进行审计
财务部门	负责对预算执行过程和结果进行责任核算，并提供相应的考核依据
生产部门	负责对预算目标的生产量等预算指标进行考评
质量保证部门	负责对产品的质量、产量等预算指标进行考核
人力资源部门	负责组织对各预算执行部门的综合考核，并根据考核结果编制奖惩兑现方案

从预算的编制、执行、实施、调整到最终的考核都离不开预算管理委员会，预算管理委员会存在于企业生产经营的各个时期和各个环节。

8.3.2　预算考核的申诉管理及流程

为了预算考核的客观、公正，保障每位员工的权益，同时也为了保证考核的严谨性，员工认为其预算考核有偏差，可以向人力资源部门提出申诉，对人力资源部门处理结果仍然有异议的，可以向预算管理委员会提出申诉。预算管理委员会是预算申诉管理的最终部门，对于预算申诉管理要按照流程处理。注意，员工不可越级或跨级申诉。

案例

A公司是一家生产、安装及设计管道的公司，其发展一直较为稳定，在市场上也占有一席之地。公司具有较为完善的预算管理制度，为了保证预算考核的公平、公正，制定了关于预算考核申诉管理的办法，申诉管理的流程如下。

（1）提交申诉，对预算考核绩效有疑问的员工，应当以书面形式向人力资源部门提交预算考核申诉表，如表8-2所示。

表 8-2　预算考核申诉表

申诉人姓名	所在部门	申诉事项	申诉理由	相关证明资料
张三	销售部门	业绩奖金计算错误	超额完成预算目标	……

（2）申诉处理，人力资源部门收到员工申诉后，应当在三个工作日内做出是否受理的答复，对于申诉事项缺乏客观事实依据的，不予受理。对于符合受理要求的申诉，先由人力资源部门对申请内容进行调查，主要采取的方式是与申诉人所在部门进行沟通、协调。人力资源部门解决不了的，交由预算管理委员会处理。

（3）申诉处理答复，对能够处理的申诉，人力资源部门应当将处理结果在15日内回复给申诉人；对交由预算管理委员会处理的申诉，预算管理委员会应当将调查进度告知申诉人，调查结束后，将调查结果以及处理方式以书面形式通知申诉人。

8.3.3　预算考核应该何时进行

预算考核有月度考核、季度考核和年度考核。

月度考核在每月规定的时间内进行考核，但考核的结果累计到季度考核后一并实施奖励或处罚。

季度考核在每个季度结束的次月进行考核，将本季度各月的考核结果累计并实施奖惩。

年度考核一般在次年年初进行，是将考核年度各个季度的考核结果累计后进行全面综合的考核，考核的结果将公开，且据此进行奖惩。

案例

某公司为了经营发展，在内部实行全面预算管理，为了确保预算管理能够正常推进，制定了一套较为完整的预算管理制度，预算管理制度中关于预算考核的部分内容如下。

（1）按月进行预算考核，考核奖惩按照具体的考核周期执行。

（2）公司财务部门负责监控预算执行情况，组织对预算差异进行分析，寻找差异原因，落实责任的归属，并对相关的预算部门提出考核意见。

（3）各预算部门完成预算指标的考核结果由财务部门负责汇总，报预算管理委员会审批，预算管理委员会依据预算执行结果审批后转交人力资源部门执行预算考核。

（4）人力资源部门收到预算执行结果后，依据制度规定，对相关预算部门及相关责任人进行奖惩。

预算考核要严格按照规定执行，对于相关责任人的奖惩也要及时进行，这样更有助于激发员工的积极性和主动性，确保企业预算目标的实现。

第9章

预算差异分析

预算差异分析，是指对实际业务完成情况与预算数据进行对比，确定预算差异存在的原因，总结经验和教训。预算差异分析一般发生在预算执行过程中和预算完成后。无论是执行中的差异分析还是完成后的差异分析，都能够为企业考核员工提供数据依据。

9.1 如何对预算差异进行分析

预算差异分析作为预算管理的重要部分，为全面预算管理的动态发展提供关键数据。预算差异分析就是通过预算实际执行结果与预算目标之间的对比，确定预算差异额并寻找产生差异原因的过程。如实际情况与预算之间的差异额过大，预算管理委员会应当及时调查，确定其产生原因，以便采取应对措施及时补救。

预算差异分析也讲究方法，采取不同的方法进行预算差异分析，可能也会有不同的效果。

9.1.1 如何对预算差异进行数量分析

在预算执行过程中要完成什么，达到什么样的效果，是预算差异数量分析的重点。根据不同的情况采用不同的方法，例如对比分析法等，从定量上充分反映预算执行部门的现状以及预算管理执行中存在的问题，对销售量、价格等诸多因素进行分析。

从企业的利润形成过程来看，预算差异的形成可以归纳为两大方面：一是收入，二是成本。

价格差异就是市场价格的变动而产生的差异。数量差异就是数量的变动而产生的差异。预算差异分析是一个循序渐进、由浅入深的过程。

案例

某公司在内部实行全面预算管理，到年终总结时，发现公司实际经营成果与预算之间存在差异，为了寻找原因，财务人员对各产品的毛利进行了汇总并加以分析，如表9-1所示。

表 9-1　各产品毛利汇总

项目	预算 产品 1	实际 产品 1	预算 产品 2	实际 产品 2	预算 合计数	实际 合计数	差异 合计数
销量 / 件	110	105	100	95	210	200	−10
销售金额 / 万元	1 100	955	820	695	1 920	1 650	−270
成本 / 万元	900	830	640	663	1 540	1 493	−47
毛利 / 万元	200	125	180	32	380	157	−223

根据表 9-1 可知，影响毛利的因素有以下几个。

1. 销售单价

销售单价分析如表 9-2 所示。

表 9-2　销售单价分析

产品	实际单价 / （万元 / 吨）	预算单价 / （万元 / 吨）	单价差异 / （万元 / 吨）	实际数量 / 件	差异 / 万元
产品 1	9.1	10	−0.9	105	−94.5
产品 2	7.3	8.2	−0.9	95	−85.5

2. 成本

成本分析如表 9-3 所示。

表 9-3　成本分析

产品	实际单位成本 /（万元 / 吨）	预算单位成本 /（万元 / 吨）	单位成本差异 /（万元 / 吨）	实际数量 / 件	差异 / 万元
产品 1	7.9	8.2	−0.3	105	−31.5
产品 2	7	6.4	0.6	95	57

3. 销量

销量分析如表 9-4 所示。

表 9-4　销量分析

单位：件

产品	实际销量	预算销量	销量差异
产品 1	105	110	−5
产品 2	95	100	−5

从差异原因可以看出：公司产品的销售单价对预算差异的影响最大。

9.1.2　如何对预算差异进行原因分析

预算差异原因分析就是在预算差异数量分析的基础上，找出数量差异产生的原因。相关部门经理、总监及其他人员开会商讨、分析情况，从工作程序、彼此之间的业务协调性、执行的效果等方面，将引起差异的原因落实到具体的负责人，进行一一解决，并由预算管理委员会的相关负责人进行监督，确保影响效益的问题及时解决。预算差异的原因分析如表 9-5 所示。

表 9-5　预算差异的原因分析

序号	预算差异原因	具体分析
1	数据的来源渠道存在问题	比如销售数据来源于销售人员的记忆，并未从财务系统中导出
2	数据的计算不准确、公式不合理	预算表格中的各类公式错误造成的预算差错，或者计算过程中出现的差错，都会影响对预算结果的评价。比如生产材料的耗用 = 当期生产产品的材料耗用量 + 期末库存产品的材料耗用量 − 期初库存产品的材料耗用量，但实际中公式被写成生产材料的耗用 = 当期生产产品的材料耗用量 + 期末库存产品的材料耗用量，忽视了期初库存量的影响
3	不可抗力	自然灾害、意外等造成的预算差异，比如洪水导致停工停产
4	预算执行失误	未按照预算规定执行，比如预算执行过程中人员不按照预算规定办事
5	预算决策失误	预算数据未经科学验证，通过拍脑袋方式得出，或者编制预算的人为应付了事随意编制预算

案例

　　某旅游公司下一年度的预算目标是实现收入突破 300 万元，由于受自然灾害的影响，到年中，公司的收入微乎其微，实际收入与预算目标差异很大，因此公司对预算进行调整，降低了预算目标。

　　旅游公司的预算差异，便是不可控因素导致的，而疫情则是这个不可控因素。

9.1.3　如何设计预算差异分析的程序

　　在对预算差异进行分析时，必须遵循预算差异分析的程序，按部就班、循序渐进。

　　对于预算差异分析，先核实预算数据的来源，预算数据来源可信的，则应当核实预算的计算过程、计算公式是否正确，预算执行是否存在失误、预算决策是否正确。剔除差错之外，还可以从企业外部环境进行分析，分析是否存在不可抗力造成的预算差异。最后从企业内部执行以及预算本身的编制进行分析。预算差异分析的程序如图 9-1 所示。

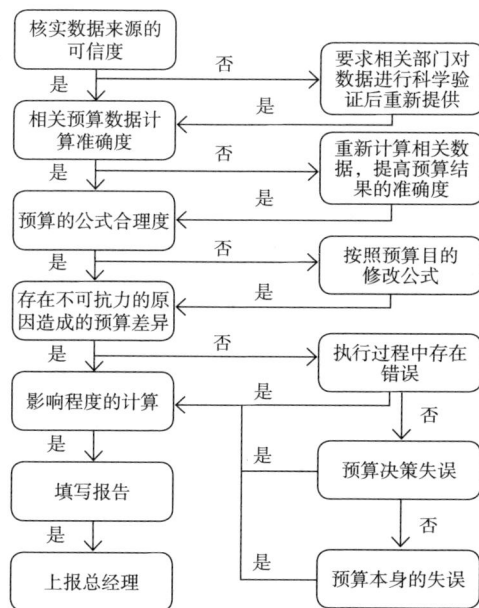

图 9-1　预算差异分析的程序

9.1.4 如何制定预算差异分析表

预算差异分析表是预算差异分析报告的基础。预算差异分析表是在预算执行过程中，预算管理委员会为了及时检查、追踪预算的执行情况而制定的。

预算差异分析表主要包括收入预算差异分析表、成本预算差异分析表、费用预算差异分析表等。

案例

B公司在预算管理中，为了更好地分析预算差异，详细制定了一套通用的部门收入预算差异分析表，每个部门可以根据自己部门的情况选择不同的项目，然后汇总其差异，其通用表如表9-6所示，成本预算差异分析表如表9-7所示，费用预算差异分析表如表9-8所示。

表9-6　部门收入预算差异分析表

项目	1月预算数	1月实际数	1月差异	2月预算数	2月实际数	2月差异	……
销量							
主要收入							
其他收入							
平均销售单价							
销售收入合计							
……							

表9-7　成本预算差异分析表

项目	1月预算数	1月实际数	1月差异	2月预算数	2月实际数	2月差异	……
一、直接成本							
直接材料							
直接人工							
制造费用							

项目	1月预算数	1月实际数	1月差异	2月预算数	2月实际数	2月差异	……
其中：设备维护费							
二、间接成本							
工资							
通信费							
工会经费							
职工教育经费							
公积金							
办公费							
水电费							
车辆费							
保险费							
租赁费							
差旅费							
……							

表 9-8 费用预算差异分析表

项目	1月预算数	1月实际数	1月差异	2月预算数	2月实际数	2月差异	……
基本工资							
通信费							
办公费							
会议费							
修理费							
水电费							
广告费							
运输费							
折旧费							
差旅费							

续表

项目	1月预算数	1月实际数	1月差异	2月预算数	2月实际数	2月差异	......
保险费							
......							
合计金额							

9.1.5 如何设计预算分析报告

预算分析报告是企业根据预算差异分析表结合企业的经营活动、财务活动提供的信息，采用一定的分析方法，对企业的预算执行情况做出全面、客观的评价，并针对预算差异提出科学、合理的解决方案，以加强企业预算控制的书面报告。

预算分析报告的主要内容如下。

（1）本期实行预算管理的总体情况及对预算执行的分析。

（2）对主要预算指标及执行情况的分析。

（3）预算执行过程中的主要问题及解决措施。

预算分析报告是企业为了评价预算执行情况，并结合企业生产经营的实际情况编制的报告，仅供企业内部使用。

案例

接上一案例，B公司的预算分析报告部分内容如下。

1. 本期实行预算管理的总体情况及对预算执行的分析

该部分首先介绍了公司实行预算管理的总体情况，其次分析了公司的收入预算、成本预算的执行对公司财务报表的影响。

分析的主要项目包括企业的营业收入、营业成本、销售费用、管理费用和利润，对主要项目预算执行的分析详见表9-9。

表 9-9　对主要项目预算执行的分析

项目	本期预算金额	实际金额	差异额	差异率
营业收入				
营业成本				
销售费用				
管理费用				
财务费用				
利润总额				

2.对主要预算指标及执行情况的分析

这部分的主要内容是分析影响企业经营成果的关键性指标（如应收账款、存货、应付账款等）的预算执行情况，对预算金额与实际金额相差大的项目应当进行单独的分析，并汇总其差异产生的原因。对部分项目预算执行的分析如表 9-10、表 9-11 所示。

表 9-10　对应收账款预算执行的分析

客户名称	期初数	期末预算数	期末实际数	差异额	差异率

表 9-11　对存货预算执行的分析

类别	期初数	期末预算数	期末实际数	差异额	差异率
原材料：					
A 材料					
B 材料					
在产品 1					

续表

类别	期初数	期末预算数	期末实际数	差异额	差异率
在产品 2					
辅助材料					
包装物					
低值易耗品					
产成品					
合计					

3. 预算执行过程中的主要问题及解决措施

（1）预算执行过程中外部环境的变化，例如国家的宏观政策、市场价格等的变化。

（2）全面预算管理体系及相关制度在运行中的问题。

（3）其他与全面预算管理相关的问题以及针对上述问题的解决办法。

9.1.6　如何设计预算责任报告

预算责任报告是对预算分析报告的延伸，其侧重于对预算执行情况的概括，并对各责任部门的工作情况做出评价。

预算责任报告主要包含两大方面：一方面是对各责任部门的经营业绩做出评价，另一方面是对责任部门的相关负责人的完成效果进行评价。

预算责任报告按照成本费用中心、利润中心和投资中心三大板块进行详细的说明。

案例

仍然以 B 公司为例，公司在预算分解时，将预算目标从公司总预算逐级分解到具体岗位，形成"公司—部门—岗位"的预算分解形式；同时，公司的各项收入、费用，按照公司人员进行分解和落实，并要求其对公司的利润、产品及质量负责。各个中心考核表模板如表 9-12、表 9-13 所示。

表 9-12　成本费用中心考核表模板

项目	本期预算	本期实际	差异额	原因说明
固定费用				
工资				
办公费				
差旅费				
变动费用				
包装费				
运输费				
员工提成				
合计金额				

表 9-13　利润中心考核表模板

指标名称	预算利润	实际利润	差额	原因	改进措施
销售收入					
减：变动成本					
边际利润					
减：固定成本					
部门利润					
管理费用					
财务费用					
营业利润					

9.2　预算分析方法

预算分析方法用以反映和跟踪预算执行情况。预算分析方法主要包括对比差异法、结构分析法、趋势分析法和多维分析法。

9.2.1 对比差异法

对比差异法包括数值对比和比率对比。数值对比是企业编制的预算与同行业的企业、与实际情况、与上年同期、当年同期累计与上年同期累计进行比对。比率对比是以预算中各指标的占比比率、预算完成量占上年完成量的比率进行比对，对比对的差异进行分析的方法。对比差异法如图9-2所示。

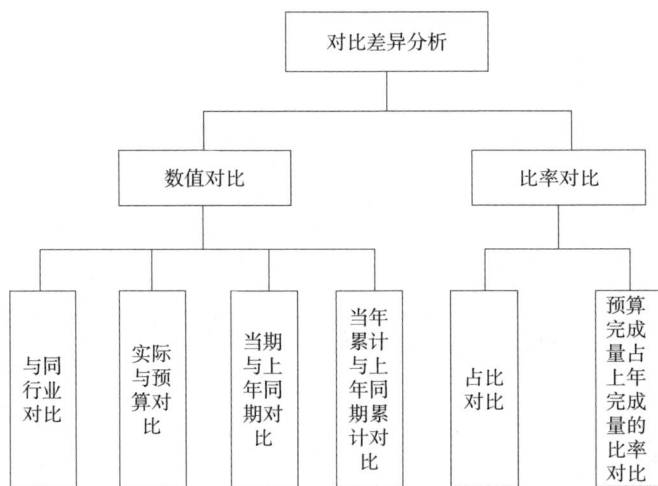

图 9-2　对比差异法

案例 ◀

2022年1月，C公司采用对比差异法，将2021年的预算金额与实际金额进行比较，其分析结果如表9-14所示。

表 9-14　2021 年经营情况分析

金额单位：万元

项目	预算数	实际数	实际数与预算数的增减额	实际数与预算数的增减率 /%
销售收入	5 000	5 200	200	4
减：销售成本	3 700	3 800	100	2.7

项目	预算数	实际数	实际数与预算数的增减额	实际数与预算数的增减率 /%
税金及附加	27	28	1	3.7
产品销售利润	1 273	1 372	99	7.8
减：销售费用	280	300	20	7.1
管理费用	120	110	−10	−8.3
财务费用	60	70	10	16.7
营业利润	813	892	79	9.7

从表 9-14 中发现，实际数大部分都高于预算数，其中差额最大的是产品的销售收入，比预算数增加了 200 万元，但变化增减率差异最大的是财务费用，增长率为 16.7%。

案例

某公司对预算年度的预算执行情况进行了具体的差异分析，其中成本的预算执行差异分析过程如下：成本的预算差异分析分两步进行，首先分析各种产品总成本与预算总成本之间的差异，其次分析各种产品的成本明细。

经过分析，总成本预算差异产生的原因有两个：一是产品的产量变动产生的差异，二是产品单位成本的变动产生的差异。

产品总成本预算差异分析可以分为产量差异与成本差异两部分。其计算公式如下。

产量差异＝（本年产量－预算产量）×预算单位成本

成本差异＝（本年单位成本－预算单位成本）×本年产量

该公司通过对总成本预算执行结果与预算目标相比较，进行了差异分析，其分析结果如表 9-15 所示。

表 9-15 成本差异分析

产品名称	预算			实际			差异分析		
	万个	单位成本/万元	总成本/万元	万个	单位成本/万元	总成本/万元	产值变动/万元	成本变动/万元	合计/万元
甲产品	780	5	3 900	810	4.85	3 928.5	150	−121.5	28.5
乙产品	400	2.7	1 080	350	2.9	1 015	−135	70	−65
丙产品	100	3.05	305	120	3.55	426	61	60	121
合计			5 285			5 369.5	76	8.5	84.5

从表 9-15 可以发现产量导致的预算差异为 76 万元，成本变动导致的预算差异为 8.5 万元，总的预算成本差异为 84.5 万元，具体明细如下。

（1）甲产品的实际产值比预算增加 150 万元，但成本比预算降低了 121.5 万元，最终实际总成本超出预算 28.5 万元。

（2）乙产品的产值比预算减少 135 万元，成本比预算增加了 70 万元，实际总成本低于预算总成本 65 万元。

（3）丙产品产值比预算增加 61 万元，成本比预算增加 60 万元，实际总成本比预算总成本增加了 121 万元。

案例

某上市加油站公司认为要想获得长远发展，就要把眼光放长远，由于国内可以与其竞争的对手较少，因此它将国际大品牌公司作为自己的竞争对手。

于是，它选取了国际上的大公司作为标杆，从市场开拓能力、技术创新能力、资本运营能力和经营管理能力四个方面与其进行比较，并设置了相应的分值，每个指标都采用 10 分制。

经过分析，公司发现了自己的短板，在技术创新能力和经营管理能力方面的分值只有 5 分，对标公司在这两种能力上的分值均为 8 分，本公司在这两方面远远不如对标公司。

技术创新上的不足主要在炼油方面，公司的润滑油产品尽管在中低端市场中占有一席之地，但是在高端市场上的表现不佳。针对技术创新上的不足，公司决定与外国企业合作，提升技术实力。

在经营管理上，对标公司基本可以实现自动化或自助加油，但本公司因资金的限制，在自动化方面较为欠缺，还是以人工为主。针对经营管理上的不足，公司决定提升员工培训质量，提高员工的专业水平。

9.2.2 结构分析法

结构分析法就是对某一指标进行细分，通过分解指标，了解指标的构成，分析各部分对总体的影响程度，并通过预算的方式降低指标中某一重要因素的影响程度，从而达到降低指标金额的整体效果。

案例'◁

某公司的财务总监对管理费用进行详细的指标分析，并计划以此为依据对管理费用进行合理的预算，管理费用构成及占比如表9-16所示。

表9-16 管理费用构成及占比

项目	金额/元	比例
人员工资	68 000	48%
办公费	32 618	23%
差旅费	14 379	10%
运输费	5 800	4%
水电费	4 390	3%
福利费	9 800	7%
其他	6 540	5%
合计金额	141 527	100%

从表9-16中可以看出公司管理费用中占比最多的当属人员工资，占比48%，其次是办公费，占比是23%。

财务总监认为办公费主要用于购买办公所需的纸、笔等日常用品，通过调查发现存在严重浪费纸、笔的情况，打算下一年度将办公费的预算缩减为28 000元。

差旅费主要是管理部门的人员去外地学习发生的车费、住宿费等费用，通过查看凭证及日常员工报销签字的单据，员工出差的住宿费每日都在200元以上。财务总监决定降低员工出差住宿标准，即员工出差每日的住宿标准不得超过180元，以此来降低差旅费，并将下一年度管理费用中的差旅费预算指标定为 10 000 元。

9.2.3 趋势分析法

趋势分析法是将连续多期相同指标放在一起进行对比并以图形展示的方法。其能清晰直观地反映数据增减变动的方向及数据差异，便于分析数据变动趋势产生的原因，估计可能遇到的风险，推断发展方向并预测未来数据。

趋势走向主要有上升走向、下降走向、曲线走向等多种形式。

趋势走向可以揭示趋势变化的原因，从而给预算管理者提供合理的参考。比如销售量走势图可以揭示销售量变化的原因，可以为销售预算提供依据。

案例

某餐饮公司利用上一年度 12 个月的销售收入趋势（见图 9-3），通过趋势分析法制作本年度的销售收入预算。

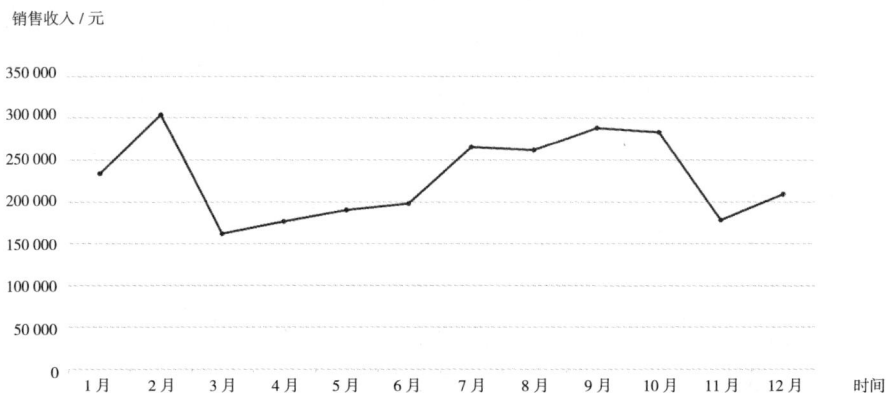

图 9-3　销售收入趋势

从图 9-3 中可以清晰地看到，该餐饮公司在 2 月以及 7—10 月的销售收入较高。其原因是我国的春节一般在 2 月，大家在放假期间更愿意结伴外出就餐。暑假和国庆在 7—10 月，也是家庭外出就餐的高峰时段。

一般情况下，如果没有外力等因素的影响，可认为趋势是会延续的，不会突然改变。通过过去的趋势变化，分析趋势变化的原因，排除异常因素的影响，就可以对未来趋势进行预测。趋势变化受时间影响，把控好节奏，不但可以预测下个阶段的发展方向，也可以预算具体的数据。

9.2.4 多维分析法

多维分析法就是从多个角度、多个方面对预算指标进行分析，以更加深入了解指标中各个数据所包含的信息。从不同的维度进行观察、分析，可能会得到不同的结果，有助于企业全面、细致地分析预算数据。

案例

以甲房屋租赁公司的全面预算管理为例，公司的预算管理者需要查看预算期内房屋租赁产生的租金收入，因此公司需要从四个维度设计租金收入的图例，以满足管理者的需求。

（1）从房屋所处地理位置来分析，距离学校近的房屋的租金价格高，郊区的房屋的租金价格低。这主要是因为，很多租房者为了方便孩子上学，都会选择在学校附近租房，这种现象在高三学生的家长群体中表现得尤为明显。郊区房屋存在地理位置相对较偏，同时交通、购物很不方便等问题，因此租金价格相对较低。

（2）从时间上分析，预算年度内上半年的租金收入要比下半年的租金收入高。受高考季的影响，高考结束后大部分的高三家长会选择退租，下半年不再续租，因此公司的租金收入减少，该部分的收入也是变化最大的部分。而对于上班族的租赁，房租的收入变化趋势相对比较稳定，相比去年同时期，长租收入还略有增长。

（3）从租赁房的户型来分析，南北通透、卧室朝阳等好户型，预算收入高。相对较差的户型的预算收入低。

（4）从房屋的年龄上分析，将房屋的年龄分为3个不同层次，分别为第0～第10年、第11～第20年和第21年及以上。预算年度的收入按照房屋年龄分，主要收入集中在第11～第20年上，房屋的年龄居中，价格合适，深受租房者的喜爱。其次是第21年及以上的房屋，虽然房屋年龄大，但地理位置相对较好，附近的基础设施也比较齐全，最重要的一点是房租相对较低。最后是第0～第10年的房屋，价格高，租赁的人数比较少。

从不同角度对影响预算指标的相关因素进行分析，有助于企业控制预算的执行。同时通过不同维度的分析，企业还可以得出每个维度对预算目标的影响程度，从而有侧重点地分析相关数据，得出正确的预算分析结果。

【实战案例】销售收入预算差异分析

企业执行销售收入预算会出现实际金额多于或少于预算金额的情况，这种情况主要是两种因素的变动导致的：一是销售数量的差异，二是销售单价的差异。

也就是说，销售收入的实际数与预算数的差异是销售数量和销售单价的差异造成的。因此，销售收入的差异分析就是要确定销售数量和销售单价的差异数。确定差异的过程中，主要涉及的公式如下。

销售收入 = 销售数量 × 销售单价

销售单价变动差异 =（本年单价 – 预算单价）× 本年数量

销售数量变动差异 =（本年数量 – 预算数量）× 预算单价

销售收入差异 = 本年的销售收入 – 预算的销售收入 = 销售数量变动差异 + 销售单价变动差异

某公司在年底的预算管理总结中，对本年度的销售收入预算差异进行分析，计算结果如表 9-17 所示。

表 9-17　本年度销售收入预算差异分析

产品名称	预算			实际			差异分析		
	数量 /台	单价 /（万元 /台）	金额 /万元	数量 /台	单价 /（万元 /台）	金额 /万元	数量变动 /台	单价变动 /（万元 /台）	合计 /万元
A 产品	680	6	4 080	710	6.2	4 402	180	142	322
B 产品	300	3	900	250	2.9	725	–150	–25	–175
C 产品	100	4	400	120	4.3	516	80	36	116
合计			5 380			5 643	110	153	263

通过表 9-17 的分析可以发现，该公司本年度的预算收入完成情况有如下特点。

（1）销售收入总额比预算多完成 263 万元，一是因为销售数量的变动增加收入 110 万元，二是因为销售单价变动增加销售收入 153 万元，其中销售单价变动是主要原因。

（2）A 产品和 C 产品的销售数量和单价都朝着有利于公司的方向变动。

（3）B 产品的销售数量和销售单价的变动都不利于公司发展，公司需要注意。

【实战案例】成本费用预算差异分析

成本费用预算差异也就是实际成本费用与预算成本费用之间的差异。公司分析成本费用预算差异，可以改进生产技术、降低成本水平。其计算的相关公式如下。

产量变动差异 =（本年产量 – 预算产量）× 预算的单位成本

成本变动差异 =（本年的单位成本 – 预算的单位成本）× 实际产量

成本预算差异 = 本年的总成本 – 预算的总成本 = 产量变动差异 + 成本变动差异

接上一案例，本年度总成本的差异如表 9–18 所示。

表 9–18　本年度总成本的差异

产品名称	预算成本（万元）			本年成本（万元）			差异分析（万元）		
	产量/台	单位成本/（万元/台）	总成本/万元	产量/台	单位成本/（万元/台）	总成本/万元	产量变动/台	成本变动/万元	合计/万元
A 产品	680	5	3 400	710	4.9	3 479	150	–71	79
B 产品	300	2.7	810	250	2.8	700	–135	25	–110
C 产品	100	3.15	315	120	3.55	426	63	48	111
合计			4 525			4 605	78	2	80

根据表 9–18 可以看出总成本差异的特点如下。

（1）由于 A 产品的单位成本降低 0.1 万元，总成本降低 71 万元。

（2）因 B 产品单位成本上升 0.1 万元，总成本增加 25 万元。

（3）因 C 产品单位成本上升 0.4 万元，总成本增加 48 万元。

产品的成本是由直接材料成本、直接人工成本和制造费用构成的。以 B 产品为例分别从成本的构成部分，确定产品成本构成的差异。B 产品的预算产量是 300 台，本年的实际产量是 250 台，其成本构成分析如表 9–19 所示。

表 9-19   B 产品成本构成分析

费用名称	预算		实际	
	单位成本/（万元/台）	总成本/万元	单位成本/（万元/台）	总成本/万元
1. 直接材料	20 000	6 000 000	20 410	5 102 500
2. 直接人工	4 452	1 335 600	4 632	1 158 000
其中：工资	3 300	990 000	3 530	882 500
福利费	1 152	345 600	1 102	275 500
3. 制造费用	2 548	764 400	2 958	739 500
其中：变动制造费用	1 610	483 000	1 880	470 000
固定制造费用	938	281 400	1 078	269 500
4. 成本合计	27 000	8 100 000	28 000	7 000 000

从表 9-19 中可以看出 B 产品的成本之所以存在预算差异，是因为其成本中的直接材料、直接人工和制造费用都与预算有差异，最终导致 B 产品的实际总成本与预算总成本存在差异。

【实战案例】利润预算差异分析

利润是企业生产经营的成果，也是衡量企业经营管理水平的一项指标，对利润预算差异进行分析能了解企业预算目标的完成情况。

接上一案例，对该公司的利润预算进行差异分析，其相关数据如表 9-20 所示。

表 9-20   本年度利润预算差异分析情况

产品名称	预算					实际				
	产量/台	收入/（万元/台）	成本/（万元/台）	税金/（万元/台）	利润/（万元/台）	产量/台	收入/（万元/台）	成本/（万元/台）	税金/（万元/台）	利润/（万元/台）
A 产品	680	4 080	3 400	12	668	710	4 402	3 479	12.8	910.2

产品名称	预算					实际				
	产量/台	收入/（万元/台）	成本/（万元/台）	税金/（万元/台）	利润/（万元/台）	产量/台	收入/（万元/台）	成本/（万元/台）	税金/（万元/台）	利润/（万元/台）
B产品	300	900	810	3	87	250	725	700	2.4	22.6
C产品	100	400	315	1	84	120	516	426	1.5	88.5
合计	1 080	5 380	4 525	16	839	1 080	5 643	4 605	16.7	1021.3

从表 9-20 中可以计算出：

A 产品的利润差异金额 =910.2-668=242.2（万元）

B 产品的利润差异金额 =22.6-87=-64.4（万元）

C 产品的利润差异金额 =88.5-84=4.5（万元）

由此可以看出 A 产品实际利润比预算利润高 242.2 万元，提高生产量会促使公司朝更好的方向发展。C 产品实际利润与预算利润相比增加较少，仅为 4.5 万元。B 产品实际利润并没有预算利润那么高，反而比预算金额少 64.4 万元，拉低了公司的利润，影响公司的发展，这就需要公司分析 B 产品产生这种情况的原因，并对预算方案进行调整。

第 10 章

全面预算管理落地

全面预算管理的实施需要相关管理制度来保障。市场经济时代，各企业在市场上竞争，为了使本企业更有市场竞争力，企业预算就应该良好地执行下去，同时需要配备相关的制度进行约束。

10.1 如何避开预算管理的误区

全面预算对上承接企业战略，对下承接绩效管理，通过绩效考核影响企业整个人力资源管理体系。预算管理虽然越来越得到企业的重视，在企业管理中也略显成效，但是难免有企业还会走入预算管理的误区。

10.1.1 如何做到不为了预算而预算

预算是企业管理的一种手段，目的就是利用有限的资源获取最大的利润，或将企业的业务做大做强。在这种目标下，预算就显得极为重要。但在执行过程中总会遇到各种问题，导致预算与实际存在很大的偏差，企业管理者对预算质疑，预算执行举步维艰，最终沦为一种形式，无法发挥原有的作用。

产生以上情况的原因有企业的内因和外因两方面。最主要的内因是缺乏管控，解决的方法就是加大管控力度，将预算与个人利益相结合。

预算编制完成后，很多部门认为预算可有可无，当预算超支后，又找各种理由解释。针对这一现象，财务就需要实时跟进预算执行的结果，按时出具相关的预算分析报告，向各部门同步公示预算执行情况，以方便各部门根据业务变化对预算进行调整。

预算之所以很多时候没有被重视，很可能是因为预算执行的结果与个人利益无关。常见的情况是无论是预算超额完成还是成本费用超支，各预算部门不用承担相应的责任，这种情况下，预算自然无法达到管控的目的。所以预算执行的结果应与绩效考评挂钩，将预算作为参照标准，将企业利益与个人利益挂钩，引起员工的重视。

外因可能是预算管理环境的缺失。预算管理是指基于企业大环境制定的预算管理制度和流程，一旦整体环境缺少预算管理的条件，那预算管理的结果可想而知。因此企业管理层首先要明白，通过预算管理企业想达到什么样的目的。

为了达到目的，需要付出一些成本以及让渡部分权力，毕竟企业的管理制度是适用于对所有员工进行管理的，没有人可以例外。

其次要培养一定的财务意识，在预算执行过程中，财务部门要多与其他部门沟通，避免预算流于形式。

10.1.2　如何确保预算不与企业战略目标脱节

预算管理是实现企业战略目标的途径，而绝大多数企业实行预算管理都是从编制预算开始的，但如果编制预算与企业战略目标之间存在很严重的脱节现象，就会阻碍预算的执行和战略目标的实现。

企业的战略目标分为长期和短期战略目标。而实现短期战略目标最有力的工具就是全面预算管理。很多企业把战略目标作为制定预算目标和编制预算的根据，但是如何将预算管理与战略目标有效连接起来却是企业面对的难题，企业的做法有很多，真正可以做到两者不脱节的企业却屈指可数。

关于预算管理如何与战略目标相结合，并保证以战略为导向设计目标，可参考"1.1.5 以达成战略为导向的目标设计"。

企业可以通过平衡计分卡把企业战略转化成具体的目标，然后制定出一套可操作的预算管理方案用来实现预算目标，同时每个方案都从人力、物力和财力方面进行分配，这个资源分配的过程就是预算编制的过程。

10.1.3　如何做到预算适应企业现状

在预算管理执行过程中难免会出现预算与企业现状不匹配的现象，这种现象在变化迅速的行业尤为突出。预算跟不上业务的变化、预算制定得太死板、不同的业务情况却使用相同的预算模板，这些情况都可能会导致预算执行时无法适应企业的现状。

为了做到预算适应企业的现状，需要在预算与执行间寻找一个平衡点，确保在完成预算目标的情况下，有一定灵活操作的空间。比如对业务拓展费、差旅费、招待费等，可以按照合计费用进行预算年度的控制，不需要按照项目进行控制。

根据不同业务的特点，可以在整体预算模板下，设定单独的表样编制预算。而对预算外的支出，可以增设单独的预算流程，根据实际情况进行审批，也可以在进行预算复核调整的基础上，利用滚动预算的方式辅助预算管理，同时结合预算判断企业业务的发展情况以及企业所需资金的缺口，预测企业未来发展可能出现的问题。

预算的编制不是由企业的管理层拍脑袋就可以确定的，需要全员参与。有的企业为了应付管理者，按照下发的模板，各部门负责人"各显神通"，胡乱编制预算，编制出来的预算几乎与企业脱轨。另外，由于基层的员工与客户打交道多，可能比部门负责人更了解市场、政策等变化带来的影响，由他们编制的预算更能贴合实际，更能适应企业发展的现状。

10.1.4 全面预算管理不只是财务的事

有的企业，各部门对预算管理的认识和理解较为片面，认为全面预算工作应该由财务部门独揽，所以其他部门对分配下来的预算工作有很强烈的抵触感。但实际上，财务预算只是全面预算的一部分，是一定时期内企业经营预算、投资预算、筹资预算在经济价值上的反映。全面预算管理是一个完整的管理控制过程，需要各部门共同协作。

案例

我曾经是一个企业的顾问，当时这个企业正准备引入预算体系，便希望我能对此给予一些支持。在简单交谈之后，这个企业的管理者提出，让财务主管向我咨询预算体系的建设细节，并告知我预算体系建设由此财务主管负责。

面对这位非常强势的管理者，我知道很难用几句话说服他，这个决定会导致预算体系形同虚设。财务部负责人作为预算体系的主导者，在预算体系建设中，各部门不是认为财务部门插手过多，不予以配合，就是提供的预算数据不切合实际。半个月后，不断出现的问题让这位管理者重新审视"财务主管不适合担任预算体系建设主导者"的建议。

建立以董事长或总经理为首的预算管理委员会，由财务部负责人做副手更容易让预算体系落地。财务部门的作用更多体现在汇总数据、归集信息、传达要求、解释理念方面，但作为主导者和推动者、监督考核者，显然董事长、总经理更合适。

其实，全面预算是一项复杂的系统工程，光有财务部门的参与是远远不够的，需要的是全员参与。首先，销售部门和人力资源部门等从下到上做好基础的预算编制。其次，企业管理层从上到下对预算目标进行分解并落实到每个预算部门。最后，预算管理委员会根据各部门的反馈不断调整和修正，最终形成一份上下达成共识的预算管理方案。

10.2 企业的全面预算管理不是一成不变的

可能有的企业管理者认为预算管理只要做好了就可以一劳永逸，其实不是。企业面临的市场变化无常，企业要时刻根据外界环境和企业内部的变化对全面预算管理进行调整，所以企业的全面预算管理不是一成不变的，应当根据企业所处的生命周期，不断调整预算管理的侧重点。

10.2.1 初创期企业——资本是预算管理的核心

初创期企业成立时间不长，产品刚刚投入市场，急需开拓市场。

初创期企业在经营和财务上都有很大的不确定性，风险系数较高，并且企业的发展比较缓慢，投入的资金远比回报多，企业往往出现亏损的情况。这个时候的企业贵在坚持，能顺利坚持下去的企业就能够生存下去，无法坚持则会被淘汰。

处于这个发展时期的企业，往往会有一个通病——坚持不下来，但又急于求成，做一些拔苗助长的事情。比如，刚开始就急于证明自己，开展了很多项目，有的项目稍有起色就急匆匆开始下个项目，给人一种"样样通，但样样松"的感觉，最后却没有一个项目是真正做成功的。

因此，这个时期企业的战略目标应该是培育市场需求、打开市场、控制企业资本的投入，保证有足够的现金流，降低企业的经营风险。初创期企业预算管理的重点不是追求利润，也不是控制成本，而是关注企业的资本支出，重视资本等资源的投入，确保资金收支平衡。

初创期投资预算管理应特别注意支出的预算数据，要关注在执行过程中一旦超支，是否有后备资本支持渠道。如果没有后备资本支持渠道，那么如何在限量资本额度下控制支出，并且寻求控制支出的方法。如果没有后备资本支持渠道，也没有控制支出的方法，就要在降低成本中寻求增加收入的方法。

10.2.2 成长期企业——销售是预算管理的王道

能成功熬过初创期的企业，也就迎来了企业的成长期。成长期企业产品销量急剧上升，企业的利润额也快速增长，企业开始实现盈利。

成长期企业，因产品深受消费者喜爱，定价高，所以这一时期企业赚钱是必然的。但这个时期的企业可能在手忙脚乱中发展，因为产品的销量多、订单多，企业上下都忙着生产、销售，而忽略了管理。

因此成长期企业应当把销售预算管理作为重点，通过销售来开发市场潜力，提高市场占有率，并借助预算管理的机制促进销售战略的全面落实，取得企业可持续发展的战略优势。

那销售预算管理的方式又该如何制定？

首先，销售部门需要全面参与，确定销售预算并上报预算管理委员会，然后由预算管理委员会根据企业的发展战略调整销售预算。

其次，其他部门应当辅助销售部门，承担好各自部门的职能，确保销售预算能顺利执行。由于企业处于成长期，盈利水平较高，这时可能会忽略成本。

但是，即使企业的成本超出预期，此时也不能通过预算削减成本，因为如果此时削减成本，势必会造成销售力度减小，影响企业的发展，同时也与此时的预算管理方式相违背。

10.2.3 成熟期企业——创新和成本缺一不可

成长期企业大赚一笔后，可能会沉迷于享受利润成果。但是，企业已经进入成熟期，随着市场的竞争加剧、产品趋于饱和状态，企业的销售收入和利润的增速将放缓。

企业进入成熟期，既是一件好事，也不是一件好事。说这是一件好事，是因为成熟期企业有希望成为行业的领导者，在行业中有足够的话语权。说这不是一件好事，是因为达到顶峰往往会走下坡路，在这个阶段的企业容易放松，逐渐失去斗志，一旦安于现状，产品更新换代的行动力弱，很快会由成熟期进入衰退期。

成熟期的持续时间与企业的战略有关，如果某一企业在某地区属于成熟期企业，可以将产品扩张至全省，在省内成为领军企业，还可以将产品扩张至全国，乃至全世界。所以延长成熟期是成熟期企业需考虑的主要事情。成熟期企业还可选择把精力放在产品的更新换代上，或者选择多元化发展。

企业在这个时期预算管理的关键是重点关注以及加大对技术研发部门的预算投入，确保新工艺、新产品的研发有相应的资金支持。同时还要控制单位成本，以控制固定成本为主，确定好各部门的成本预算。

10.2.4　衰退期企业——现金流是预算管理的重点

衰退期企业的销售出现负增长，持续不断的亏损让企业的现金流也出现严重的短缺，产品正退出市场，被新产品替代，经营风险和投资风险居高不下。

当企业处于这一阶段时，将面临两种发展方向：衰亡至破产清算或通过债务重组、破产重组等重获新生。企业主要通过分析自身是否具备产品结构调整能力、闲置资产是否有再利用价值或者是否具有较高的变现价值来判断发展方向。此时企业战略的核心在于调整与转型，及时放弃经营不佳的业务，关注现金流以控制好经营风险和财务风险，保证现金有效收回并合理利用，此时预算管理应当以控制现金流入和流出作为重要目标。

所以企业在这个时期预算管理的关键是加大现金的流入和减少现金的流出，在难以确保现金流入增加的情况下，应更多地防止现金流出难以控制的情况，确保现金支出都用在点上。

1. 现金流入的预算管理

增加现金流入的渠道很多，企业要加大这方面的预算管理，可以催收应收账款、处置低效的资产，也可以吸收投资。

2. 现金流出的预算管理

对于现金流出的预算管理，就要加大对现金流出的审核力度，遵循"非必要，不支出"原则。